링구아포럼
TOEFL *i*BT Basic
- Vocabulary -

TOEFL iBT Basic
- Vocabulary -

1판16쇄 2011. 12. 20
지은이 링구아포럼 리서치센터   발행인 이길호   발행처 링구아포럼   등록번호 제2000-000335호   등록일자 2000. 5. 17
전화 교재구입 02) 3480-6627 / 대표전화 1577-6167   ISBN 978-89-5563-114-2 (54740)   가격 **10,000**원

Copyright © 2006-2011 by LinguaForum

No unauthorized photocopying.
All rights reserved. No part of this book may be reproduced or transmitted in any form or by any means, electronic or mechanical, including photocopying, recording, or any other information storage and retrieval system without the written permission of the publisher.
TOEFL® is a registered trademark of Educational Testing Service. This book has been neither reviewed nor endorsed by ETS.

이 책은 링구아포럼이 독창적으로 개발하였습니다.
이 책의 내용, 사진 등 일부 혹은 전체 내용을 어떠한 방법으로도 무단 복사, 복제, 전재하는 것은 저작권법에 의해 금지되어 있습니다.
Printed in the Republic of Korea

R/N (CRbTFVMS01): 04030630KB/04170630KB/09010630KB/12110630KB/01280730KB/06110730KB/11120730KB/01020830KB/03100830KB/06100830KB
/01090930KB/05250930KB/08140930KB/02161030KB/10221030KB/12201130KB

TOEFL® iBT Basic Vocabulary

LinguaForum™

2-5-4-0

영어단어 학습에서 가장 중요한 것은 무엇일까?

결코 만만하게 대답할 수 있는 질문이 아니다. 수 많은 학습자들이 바로 이 영어단어 때문에 고민하고, 또 고민하다, 급기야 영어를 포기하는 지경에까지 이르게 되었기 때문이다.

외워도 외워도 자꾸 잊어버리고, 기껏 기억한다 하더라도 '영어 단어 한 개에 우리말 뜻 하나' 하는 식의 암기가 전부여서 실제 문장에서는 도무지 그 뜻을 파악해내지 못하는 상황에 처하게 된다.

"그래 이번에는 각 단어의 여러 의미를 철저히 공략하자,"란 다부진 각오로 개인 단어장에 사전을 방불케 할 정도로 빼곡히 우리말 뜻을 적어 놓는다. 하지만 몇몇 단어 공부하다가 이내 지쳐버리기 십상이다. 그나마 암기한 단어들조차도 실제 문장에서 어떤 뜻으로 파악해야 할지 몰라 허둥대는 경우가 많다.

그렇다면, 어떻게 단어공부를 해야 할까?

Let's call it a day.

'오늘은 여기까지'로 번역되는 이것은 단어학습 때문에 고민하는 토플 입문자를 포함한 모든 영어 학습자들에게 아무리 강조해도 지나치지 않은 말이다. 입문 수준의 문장에서는 거의 등장하지 않는 의미들까지 모두 다 암기하는 과욕은 절대적으로 피해야 한다. 아울러 해당 단어의 쓰임은 전혀 고려하지 않은 채 우리말과의 일대일 대응 정도로 단어공부 다 했다는 식의, 입문자들에게 흔히 나타나는 태도 또한 바람직하지 않다. 기본 단어들일수록 다양한 의미로 쓰이는 경우가 많기 때문이다.

학습자들이여!

본 교재에서 제시된 순서대로 하루 **25**개씩 **40**일만 투자하자. 그러면 *i*BT토플을 비롯한 각종 시험을 준비하는 입문자들이 반드시 알아야 할 필수기본단어 1,000개를 완전히 내 것으로 만들 수 있다.

링구아포럼 연구소
*i*BT 토플단어 프로젝트팀

이 책의 효과적인 활용법

총 1,000개의 어휘를 하루에 25개씩 40일에 걸쳐 학습하도록 되어 있는 이 책은 크게 4개의 Part로 구성되어 있다. Part A, B에서는 영어를 공부하는 데 있어 반드시 알아야 할 단어를 주요 품사와 주제별로 분류했고 Part C, D는 주요 단어의 활용에 주안점을 둔 Usage별로 구분해 놓았다.

매일 단위로 25개 표제어 설명이 끝날 때마다 Pop Quiz를 통해 그날 배운 내용을 확인하는 코너를 마련했고 5일 단위로 Practice Test를 추가, 실전 유형의 문제를 통해 다시 한 번 복습할 수 있도록 하였다. 그리고, do, make 등 가장 기본이 되는 단어들은 역시 5일 단위의 별도 코너를 만들어 상세히 설명해 놓았다.

우선, 모르는 단어를 중심으로 표제어를 공부한다. 옆에 제시된 간략한 설명이나 파생어, 동의어는 basic 단계에 요구되는 사항들이기 때문에 반드시 확인하고 넘어간다.

다음에는 예문 확인이다. 예문에는 표제어는 물론이고 자주 쓰이는 파생어와 미묘한 차이를 보이는 유사어까지 한 데 묶어 손쉽게 비교할 수 있게 했다. 또한 가슴 찡한 영화 속 대사나 팝송 가사, 유명한 문구 등이 상당수 포함되어 있어 읽는 재미를 더해 줄 것이다.

이 책에 쓰인 약자들 (abbreviations)

v.	동사 (자동사, 타동사)	*adj.*	형용사
vi.	자동사	*adv.*	부사
vt.	타동사	*prep.*	전치사
n.	명사	*pron.*	대명사
pl.	명사의 복수형태	*aux.*	조동사
sing.	명사의 단수형태	*cf.*	참고
(C)	셀 수 있는 명사	*phr. v.*	동사구
(U)	셀 수 없는 명사		

Contents

Part A

DAY 1	꼭 알아야 할 명사 50개 – I	10
DAY 2	꼭 알아야 할 명사 50개 – II	14
DAY 3	꼭 알아야 할 동사 100개 – I	18
DAY 4	꼭 알아야 할 동사 100개 – II	22
DAY 5	꼭 알아야 할 동사 100개 – III	26
⋯⟩⟩	*Practice Test 1*	30
⋯⟩⟩	*Ultra-basic Words 1*	31
DAY 6	꼭 알아야 할 동사 100개 – IV	32
DAY 7	꼭 알아야 할 형용사 50개 – I	36
DAY 8	꼭 알아야 할 형용사 50개 – II	40
DAY 9	꼭 알아야 할 부사 25개	44
DAY 10	꼭 알아야 할 어원	48
⋯⟩⟩	*Practice Test 2*	52
⋯⟩⟩	*Ultra-basic Words 2*	53

Part B

DAY 11	정치	56
DAY 12	경제	60
DAY 13	사회	64
DAY 14	문화와 역사	68
DAY 15	과학	72
⋯⟩⟩	*Practice Test 3*	76
⋯⟩⟩	*Ultra-basic Words 3*	77
DAY 16	학문	78
DAY 17	수학	82
DAY 18	스포츠	86
DAY 19	일상생활 – I	90
DAY 20	일상생활 – II	94
⋯⟩⟩	*Practice Test 4*	98
⋯⟩⟩	*Ultra-basic Words 4*	99

Part C

DAY 21	불규칙동사	102
DAY 22	혼동되는 자동사와 타동사	106
DAY 23	to부정사를 목적어와 목적보어로 받는 동사	110
DAY 24	동명사를 목적어로 받는 동사	114
DAY 25	진행형이 안되는 동사	118
⋯⋯〉〉	*Practice Test 5*	122
⋯⋯〉〉	*Ultra-basic Words 5*	123
DAY 26	주요 구문 - I	124
DAY 27	주요 구문 - II	128
DAY 28	한 쪽 역할만 하는 형용사	132
DAY 29	문장수식부사와 빈도부사	136
DAY 30	연결부사와 정도부사	140
⋯⋯〉〉	*Practice Test 6*	144
⋯⋯〉〉	*Ultra-basic Words 6*	145

Part D

DAY 31	-ed형 분사형용사	148
DAY 32	-ing형 분사형용사	152
DAY 33	주의해야 할 형용사와 부사 - I	156
DAY 34	주의해야 할 형용사와 부사 - II	160
DAY 35	셀 수 없는 명사 - I	164
⋯⋯〉〉	*Practice Test 7*	168
⋯⋯〉〉	*Ultra-basic Words 7*	169
DAY 36	셀 수 없는 명사 - II	170
DAY 37	복합어	174
DAY 38	주요 숙어 - I (two-word verbs)	178
DAY 39	주요 숙어 - II (three-word verbs)	182
DAY 40	주요 숙어 - III (idioms)	186
⋯⋯〉〉	*Practice Test 8*	190
⋯⋯〉〉	*Ultra-basic Words 8*	191
⋯⋯〉〉	**Answer Key**	194

PART **A** | Day **1** – Day **10**

꼭 알아야 할 명사 50개 - I

chance [tʃæns] 0001	*n.* ① 기회(opportunity) ② 가능성(possibility) by chance 우연히(by accident); take a chance 모험을 감행하다
advantage [ædvǽntidʒ] 0002	*n.* ① 이점 ② 우세 take advantage of sth./sb. 이용하다 / 속이다
exception [iksépʃən] 0003	*n.* 예외 with the exception of ~은 제외하고; without exception 예외 없이
effect [ifékt] 0004	*n.* ① 결과 ② 효과, 영향 cause and effect 원인과 결과; sound effect 음향 효과
prospect [práspekt] 0005	*n.* ① 전망, 예상 ② (-s) 장래성 economic prospect 경제 전망
schedule [skédʒuːl] 0006	*n.* 일정(표), 시간표(timetable) ahead of / behind schedule 예정보다 빨리 / 늦게
fact [fækt] 0007	*n.* 사실 in fact 사실상(as a matter of fact)
form [fɔːrm] 0008	*n.* 형태, 양식 *vt.* 형성하다 관 formal *adj.* 형식적인, 공식의
question [kwéstʃən] 0009	*n.* 질문, 의문 *vt.* 질문하다
state [steit] 0010	*n.* 국가, 주 *vt.* 말하다, 진술하다 a welfare state 복지국가 관 statement *n.* 말, 진술
subject [sʌ́bdʒikt] 0011	*n.* ① 주제(topic) ② 과목 *adj.* 영향을 받는 be subject to ~에 영향을 받다
ache [eik] 0012	*n.* 통증(pain) *vi.* 아프다 headache 두통; toothache 치통; stomachache 복통
activity [æktívəti] 0013	*n.* 활동 관 act *vi.* 행동하다; action *n.* 행동; active *adj.* 활동적인
army [áːrmi] 0014	*n.* 군대, 육군 army, navy, and air forces 육해공군
attitude [ǽtitjùːd] 0015	*n.* 태도 have / take an attitude 태도를 갖다

Day 01

0001 I am willing to take a **chance**.
♪ Though they may be parted, there is still a **chance** that they will see. ♪
– Let It Be, the Beatles

0002 His tall height will be a huge **advantage** when he plays basketball.

0003 ① There are many **exceptions** to this rule.
② You are no **exception**.

0004 It will have a significant **effect** on our environment.

0005 ① Next year's economic **prospect** looks bright due to the increase of exports.
② You should choose a job with **prospects** for the future.

0006 Today's **schedule** is fully booked.*

0007 ① We must decide with **facts** and not assumptions.*
② The **fact** that she has gone to the US makes me so sad.

0008 Please fill out* these **forms** as soon as possible.

0009 If you have any **questions**, feel free to ask.

0010 ① He comes from a Muslim **state**.
② Please **state** your name and address.

0011 ① I don't like to talk about that kind of **subject**.
② English is my favorite **subject**.
③ Prices are **subject** to supply and demand.

0012 ① Jane woke up with sharp **aches** in her back and arms.
② My heart **aches** whenever I think about her.

0013 This book contains numerous fun **activities**.

0014 He joined the **army** in order to* serve his country.

0015 I believe positive **attitudes** will always bring positive results.

authority [əθɔ́ːrəti] 0016	*n.* ① 권위 ② (-ies) 당국 the authorities concerned 관계당국	
base [beis] 0017	*n.* ① 토대, 기반(basis) ② 기지 *vi.* ~에 바탕을 두다 power base 권력기반; air base 공군기지	
conclusion [kənklúːʒən] 0018	*n.* 결론, 결말(end) in conclusion 결론적으로 conclude *vt.* 결론내리다	
charge [tʃɑːrdʒ] 0019	*n.* 요금, 대금 *vt.* ① (요금) 부과하다 ② (혐의) 씌우다 service charge 서비스 요금; free of charge 공짜의	
graduation [grædʒuéiʃən] 0020	*n.* 졸업 graduate *vi.* 졸업하다	
offense [əféns] 0021	*n.* 공격(↔defense), 범죄(crime) offend *vt.* 공격하다; offensive *adj.* 공격적인	
challenge [tʃǽlindʒ] 0022	*n./vt.* 도전(하다) face a challenge 도전에 직면하다	
moisture [mɔ́istʃər] 0023	*n.* 습기 moist *adj.* 축축한	
scale [skeil] 0024	*n.* ① 규모 ② (-s) 저울 ③ 비늘 on a large scale 대규모로	
intention [inténʃən] 0025	*n.* 의도 with the intention of ~할 의도로 intend *vt.* ~할 작정이다	

0001 나는 기꺼이 모험을 감행할 것이다. 설사 그들이 헤어진다 하더라도 다시 만날 기회는 아직 남아있다. – 비틀즈의 Let It Be 중에서 0002 그의 큰 키가 농구할 때 커다란 장점이 될 것이다. 0003 ① 이 규칙에는 많은 예외가 있다. ② 너도 예외는 아니다. 0004 그것은 우리 환경에 중대한 영향을 미칠 것이다. 0005 ① 수출 증가로 내년 경제 전망이 밝다. ② 미래를 위해 장래성 있는 직업을 선택 해야 한다. 0006 오늘 일정은 다 잡혔다. 0007 ① 우리는 가정이 아닌 사실을 가지고 결정해야 한다. ② 그녀가 미국으로 가버렸다는 사실이 나를 매우 슬프게 한다. 0008 가능한 한 빨리 이 양식들을 채워주세요. 0009 질문이 있으면 주저말고 해 주세요. 0010 ① 그는 이슬람국가 출신이다. ② 이름과 주소를 말해주세요. 0011 ① 나는 그런 유형의 주제로 얘기하길 원치 않는다. ② 영어는 내가 가장 좋아하는 과목이다. ③ 가격은 수요와 공급의 영향을 받는다. 0012 ① 제인은 등과 팔이 심하게 아픈 채로 잠에서 깼다. ② 나는 그녀를 생각할 때마다 마음이 아프다. 0013 이 책에는 수많은 재미있는 활동들이 담겨있다. 0014 그는 국가에 봉사하기 위해 군에 입대했다. 0015 나는 긍정적인 태도가 항상 긍정적인 결과를 낳는다고 믿는다. 0016 그는 사장의 영향력 아래에서 행동했다. 0017 ① 나는 가족기반이 다른 어떤 것보다도 중요하다고 생각한다. ② 네 결정은 잘못된 정보에 기초하고 있다. 0018 이 영화의 결론이 너무나 비현실적이라 생각한다. 0019 ① 우리 식당은 식대에 봉사료를 포함시키지 않는다. ② 검찰이 그에게 일급살해 혐의를 적용했다. 0020 모든 친구들이 그의 졸업식에 참석했다. 0021 유괴는 반사회적 범죄이다. 0022 ① 그 과감한 모험가는 보다 힘든 도전을 원했다. ② 선수들이 감독의 권위에 직접적으로 도전하고 있다. 0023 비가 내릴 때는 대기중에 습기가 많다. 0024 정육점 주인은 그 고기를 저울에 달았다. 0025 나는 지금 네 집에 갈 생각이 없다.

0016 He acted under the **authority** of the president.

0017 ① I think the family **base** is more important than anything else.
② Your decision is **based** on incorrect information.

0018 I think this movie's **conclusion** was too unreal.

0019 ① Our restaurant does not add a service **charge** to the bill.
② The prosecution **charged** him with murder in the first degree.

0020 All of his friends attended his **graduation** ceremony.

0021 Kidnapping is an **offense** against society.

0022 ① The bold adventurer wanted a tougher **challenge**.
② The players are directly **challenging** their coach's authority.

0023 There is a lot of **moisture** in the air when it is raining.

0024 The butcher weighed the meat on the **scales**.

0025 I have no **intention** of coming to your place* now.

Pop Quiz (1)

❶ challenge   •   Ⓐ 당국
❷ prospects   •   Ⓑ 태도
❸ state   •   Ⓒ 요금
❹ attitude   •   Ⓓ 공격
❺ authorities   •   Ⓔ 도전
❻ charge   •   Ⓕ 예외
❼ offense   •   Ⓖ 의도
❽ exception   •   Ⓗ 국가
❾ scales   •   Ⓘ 장래성
❿ intention   •   Ⓙ 저울

❑ **book** *vt.* 예약하다, (일정) 잡다
❑ **B and not A** A가 아니라 B (not A but B)
❑ **fill out** 채우다 (out은 부사)
❑ **in order to -inf** ~하기 위해
❑ **place** *n.* 집 (보통 구어에서)

꼭 알아야 할 명사 50개 - II

assumption [əsʌ́mpʃən] 0026	*n.* 가정, 추정 make an assumption 가정하다 파 assume *vt.* 가정하다
custom [kʌ́stəm] 0027	*n.* ① 관습 ②(-s) 세관 a customs officer 세관원 파 customary *adj.* 관습적인
dream [dri:m] 0028	*n./v.* 꿈(꾸다), 이상(ambition) have a dream 꿈을 갖다, 꿈을 꾸다
example [igzǽmpl] 0029	*n.* ① 예, 사례 ② 본보기 for example 예를 들면(for instance)
exercise [éksərsàiz] 0030	*n./v.* ① 운동(하다) ② 연습(하다), 연습문제 do exercises 운동하다
mistake [mistéik] 0031	*n.* 실수(error) make a mistake 실수하다; by mistake 실수로(in error)
opinion [əpínjən] 0032	*n.* 의견, 견해 an opinion poll 여론조사; public opinion 여론
project [prɑ́dʒekt] 0033	*n.* 계획(plan) set up a project 계획을 세우다
protest *n.*[próutest] *v.*[prətést] 0034	*n./v.* 항의(하다), 반대(하다) a letter of protest 항의서한
race [reis] 0035	*n./v.* ① 경주 / 경쟁(하다) ② 인종, 종족 arms race 무기(개발) 경쟁; human race 인간, 인류
record *n.*[rékərd] *v.*[rikɔ́:rd] 0036	*n./vt.* ① 기록(하다) ② 녹음(하다) a record holder 기록보유자; off the record 비공식으로
term [tə:rm] 0037	*n.* ① 학기, 기간, 임기 ② 용어 ③(-s) 사이, 관계 in the long term 장기적으로; be on good terms with ~와 사이가 좋다
brain [brein] 0038	*n.* 뇌, 두뇌 brain damage 뇌손상; brain death 뇌사
clothing [klóuðiŋ] 0039	*n.* 의류 the clothing industry 의류 산업 파 cloth *n.* 옷감, 천; clothes *n.* 옷
comprehension [kɔ̀mprihénʃən] 0040	*n.* 이해(력)(understanding) beyond comprehension 이해할 수 없는 파 comprehend *vt.* 이해하다

Day 02

0026　The story begins on the **assumption** that all animals can communicate with one another.

0027　① He doesn't like some old **customs** of his country.
② The illegal drugs were detected by **customs**.

0028　① I have a **dream**! – *Martin Luther King Jr.*
② I **dream** of winning the lottery.

0029　The answer for* this question has been given as an **example**.

0030　① We must **exercise** regularly in order to stay in shape*.
② Look at **Exercise** 10 on page 121.

0031　He worked very hard to make up for his **mistake** last week.
♪ Though I make **mistakes**, I'll never break your heart. ♪
– *I Swear*, All 4 One

0032　In my **opinion**, she is a great cook.

0033　This **project** will be very difficult but rewarding.

0034　① A lot of workers are going to stage a **protest** march.
② He **protested** the new bill* passed by the Senate.

0035　He won the **race** fair and square.*

0036　She just broke the world **record**.

0037　The congressman was elected once again to serve another **term**.

0038　The man was in hospital because of a **brain** tumor.

0039　The homeless did not have any winter **clothing**.

0040　This reading **comprehension** book was very helpful.

consequence [kánsəkwèns] 0041	*n.* ① 결과 ② 중요성(importance) in consequence 결과적으로; of consequence 중요한
development [divéləpmənt] 0042	*n.* 발전(growth, progress) Research and Development 연구개발(R&D) develop *v.* 발전하다
hint [hint] 0043	*n.* 단서, 힌트 *v.* 암시하다 give / drop a hint 단서를 제공하다
glance [glæns] 0044	*n.* (흘긋)보기 at a (first) glance 잠깐 보아서, 첫눈에
failure [féiljər] 0045	*n.* 실패 success and failure 성공과 실패; power failure 정전 fail *v.* 실패하다
quality [kwáləti] 0046	*n.* (품)질, 자질, 양질 quality control 품질관리; the quality of life 삶의 질
recovery [rikʌ́vəri] 0047	*n.* 회복, 호전 economic recovery 경기회복 recover *vi.* 회복하다
relationship [riléiʃənʃìp] 0048	*n.* (보통 개인적인) 관계 a love-hate relationship 애증의 관계 *cf.* international relations 국제관계(공적인 관계)
scenery [síːnəri] 0049	*n.* 경치(landscape) a change of scene(ry) 기분전환, 환경변화 scene *n.* 장면
trouble [trʌbl] 0050	*n.* 곤란, 어려움 *vt.* 곤경에 빠뜨리다 a troublemaker 말썽 꾸러기; get into trouble 어려운 상황에 빠지다

0026 그 이야기는 모든 동물들이 서로 의사소통을 할 수 있다는 전제에서 출발한다. 0027 ① 그는 자기 나라의 일부 오랜 관습들을 좋아하지 않는다. ② 불법 약물은 세관에 적발되었다. 0028 ① 저에겐 꿈이 있습니다! – 마틴 루터 킹 ② 나는 복권에 당첨되는 꿈을 꾼다. 0029 이 질문에 대한 대답은 예로 제시되어 있다. 0030 ① 체력을 유지하기 위해서는 규칙적으로 운동해야 한다. ② 121쪽 문제 10을 보시오. 0031 그는 지난 주 실수를 만회하기 위해 매우 열심히 일했다. 내가 실수는 할망정, 결코 당신의 마음을 아프게 하진 않겠습니다. – 올포원의 I Swear 중에서 0032 내 생각에는, 그녀가 요리를 매우 잘 한다. 0033 그 계획은 매우 어렵지만 가치가 있을 것이다. 0034 ① 많은 노동자들이 항의시위를 벌일 예정이다. ② 그는 상원이 통과시킨 새 법안에 반대했다. 0035 그는 정정당당하게 경주에서 이겼다. 0036 그녀가 막 세계기록을 경신했다. 0037 그 의원은 재선에 성공, 두 번째 임기를 맞게 되었다. 0038 그 남자는 뇌종양으로 입원했다. 0039 노숙자들은 겨울옷이 없었다. 0040 이 독해책은 매우 도움이 되었다. 0041 너는 자신의 행동에 책임을 져야 한다. 0042 한국의 IT산업발전은 눈부시다. 0043 ① 최소한 힌트는 줄 수 있잖아요? ② 그는 그가 계획을 바꿀 것임을 암시했다. 0044 그는 첫 눈에 그 메모의 대부분을 읽을 수 있었다. 0045 한 때 복제분야의 개척자로 알려졌던 그 과학자는 결국 완전한 실패자로 판명되었다. 0046 질이 양보다 더 중요하다. 0047 수술 후, 그는 회복실에 머물러야 했다. 0048 신뢰는 인간관계에서 가장 중요한 요소들 가운데 하나이다. 0049 타워 꼭대기의 경치가 끝내줬다. 0050 어제는 내 모든 고통이 저 멀리 사라지는 것 같았다. – 비틀즈의 Yesterday 중에서

0041　You should accept the **consequences** of your actions.

0042　The **development** of the IT industry in Korea has been extraordinary.

0043　① Could you at least give me a **hint**?
　　　② He **hinted** that he could change his plan.

0044　He was able to read most of the note at a **glance**.

0045　The scientist once known as a pioneer in the cloning* field, in the end, turned out to be a complete **failure**.

0046　**Quality** is more important than quantity.

0047　After the surgery, he had to stay in the **recovery** room.

0048　Trust is one of the most important factors in human **relationships**.

0049　The **scenery** at the top of the tower was breathtaking.*

0050　♪ Yesterday, all my **troubles** seemed so far away. ♪
　　　　– *Yesterday*, the Beatles

□ answer for　~에 대한 질문
□ in shape　건강하게
□ swear [swɛər]　v. 맹세하다
□ bill　n. 법안
□ fair and square　정정당당하게
□ cloning　n. (생명체의) 복제
□ breathtaking　adj. 숨이 멎을 정도의

Pop Quiz (2)

① customs •	Ⓐ	실패
② mistake •	Ⓑ	결과
③ opinion •	Ⓒ	세관
④ protest •	Ⓓ	자질
⑤ term •	Ⓔ	실수
⑥ consequence •	Ⓕ	의견
⑦ development •	Ⓖ	관계
⑧ failure •	Ⓗ	학기
⑨ quality •	Ⓘ	항의
⑩ relationship •	Ⓙ	발전

꼭 알아야 할 동사 100개 - I

agree [əgríː] 0051	*v.* 동의하다 (consent ↔ disagree) agree on sth. / with sb. ~에 동의하다　㉾ agreement *n.* 동의	
prove [pruːv] 0052	*v.* 입증하다, 입증되다 (turn out) prove to be true 사실로 입증되다　㉾ proof *n.* 증거	
appear [əpíər] 0053	*vi.* ① 나타나다 ② 보이다, ~인 것 같다 appear to be ~인 것 같다　㉾ appearance *n.* 출현, 외모	
guess [ges] 0054	*vt./n.* 추측(하다), 생각하다 at a guess 추측하건대, 어림잡아	
prepare [pripɛ́ər] 0055	*v.* 준비하다, 대비하다 prepare a meal 식사를 준비하다　㉾ preparation *n.* 준비, 대비	
move [muːv] 0056	*v.* ① 움직이다, 이동하다 / 시키다 ② 감동시키다 ㉾ movement *n.* 운동; moving *adj.* 감동적인	
need [niːd] 0057	*vt./n.* 필요(로 하다), 부족(want) in need of ~이 필요한; needless to say ~은 말할 필요도 없이	
return [ritə́ːrn] 0058	*v./n.* 반환(하다), 돌아가다(get back) in return for ~에 대한 보답으로	
defy [difái] 0059	*vt.* 거역하다　-fied, -ing defy openly 공개적으로 거역하다　㉾ defiance *n.* 거역, 도전	
maintain [meintéin] 0060	*vt.* ① 유지하다 (keep) ② 주장하다 (claim) ㉾ maintenance *n.* 유지	
proceed [prəsíːd] 0061	*vi.* 나아가다 (go ahead), 진행되다 ㉾ process *n.* 과정	
sell [sel] 0062	*v.* 팔다, 팔리다 (↔buy)　sold, -ing a sell-out 매진　㉾ sale *n.* 판매	
send [send] 0063	*vt.* 보내다　sent, -ing send sb. sth.=send sth. to sb.	
shout [ʃaut] 0064	*vt.* 외치다(cry out)　*n.* 외침 give a shout 외치다	
pollute [pəlúːt] 0065	*vt.* 오염시키다 be polluted with ~로 오염 되다　㉾ pollution *n.* 오염(물질)	

Day 03

0051　The judges **agreed** that he would get the first prize.

0052　The fact that she is innocent will **prove** to be true in court.

0053　① She **appeared** out of nowhere.*
　　　② It **appears** to me that she is an angel.
　　　　Appearance isn't always* truth. – Sleepy Hollow

0054　A: Her **guess** is way off the right answer.
　　　B: Yes, I **guess** so.

0055　We have to **prepare** for any natural disaster.

0056　① He had to **move** his car because of the fire engines.
　　　② The sad movie **moved** all the audience to tears.

0057　We **need** more water, but there's no **need** for food.

0058　The fleet was ordered to **return** to its home base.

0059　She always appears to **defy** her age.*

0060　The captain **maintained** that his soldiers would be able to **maintain** their defense.

0061　Please **proceed** to the appropriate places.

0062　① He wanted to **sell** his house and move to another country.
　　　② The singer's latest album **sells** like hot cakes* these days.

0063　Did you **send** your parents a Christmas card?

0064　① He **shouted** her name when he could not locate her.
　　　② Alice **shouted** at him, "Come back to me."

0065　The exhaust gas* from automobiles **pollutes** our air.

escape [iskéip] 0066	*vi.* (장소) 도망가다 (get away) *vt.* (위험, 불운) 피하다 *n.* 회피	
	a fire escape 비상 탈출구	
guide [gaid] 0067	*vt.* 안내하다 (lead) *n.* 안내	
	a tour guide 여행 안내인; a guidebook 안내서	
lift [lift] 0068	*vt.* 올리다 (raise) *n.* 승강기 (elevator)	
	give sb. a lift (차에) 태워주다; a ski lift 스키 리프트	
affect [əfékt] 0069	*vt.* 영향을 주다 (influence)	
	affection *n.* 영향, 애정	
push [puʃ] 0070	*vt.* 밀다(↔ pull) *n.* 밀기	
	at the push of a button 버튼을 누르면	
reduce [ridjú:s] 0071	*vt.* 줄이다 (decrease ↔ increase)	
	reduction *n.* 감소	
reject [ridʒékt] 0072	*vt.* (신념, 생각을) 거절하다 (turn down ↔ accept)	
	reject an offer 제안을 거부하다 rejection *n.* 거절	
remove [rimú:v] 0073	*vt.* 제거하다 (get rid of), 벗다 (take off)	
	remove a hat 모자를 벗다 removal *n.* 제거	
start [sta:rt] 0074	*v./n.* 시작(하다)(begin)	
	a false start 부정 출발	
unite [ju(:)náit] 0075	*v.* 합치다, 한데 모이다	
	the United Nations 국제연합 (UN); the United Kingdom 영국 (UK) unity *n.* 통일, 합침	

0051 심판들은 그가 일등상을 받아야 한다는 데 동의했다. 0052 그녀가 무죄라는 사실이 법정에서 사실로 입증될 것이다. 0053 ① 그녀가 불쑥 나타났다. ② 내게는 그녀가 천사인 것 같다. 겉으로 보이는 게 항상 진실은 아니다. – Sleepy Hollow 중에서 0054 A: 그녀의 추측은 정답에서 벗어나 있어. B: 맞아, 나도 그렇게 생각해. 0055 우리는 자연 재해에 대비해야 한다. 0056 ① 그는 소방차 때문에 자기 차를 이동시켜야 했다. ② 그 슬픈 영화는 모든 관객들을 감동시켜 울게 했다. 0057 물은 좀 더 필요하지만 식량은 필요 없다. 0058 그 함대는 귀환 명령을 받았다. 0059 그녀는 항상 젊어 보이는 것 같다. 0060 그 대위는 부하들이 방어선을 유지할 수 있을 것이라고 주장했다. 0061 부디 적절한 곳으로 나아가세요. 0062 ① 그는 집을 팔고 외국으로 이민 가길 원했다. ② 그 가수의 최신앨범은 요즘 날개 돋친 듯 팔린다. 0063 부모님께 크리스마스 카드 보냈니? 0064 ① 그는 그녀의 위치를 찾을 수 없자 (크게) 이름을 불렀다. ② 앨리스는 그에게 "내게로 돌아와" 라고 외쳤다. 0065 자동차 배출가스는 대기를 오염시킨다. 0066 ① 그 죄수는 탈옥하려 했다. ② 나는 뭔가 잘못됐다는 느낌을 지울 수가 없었다. 0067 ① 어린 꼬마가 그 노인을 역으로 안내했다. ② 그 여행안내인은 그 기념상에 대해 매우 자세히 설명했다. 0068 ① 로비에 있는 그 동상을 들어올리는 데 다섯 명의 학생이 필요했다. ② 아버지께서 학교까지 태워다 주셨다. 0069 인간이 만든 오염물질이 지구의 대기와 환경에 영향을 미친다. 0070 그는 차가 멈춰서는 바람에 30여분간 차를 밀어야 했다. 0071 그 슈퍼마켓은 고객 유치를 위해 가격을 내려야 했다. 0072 나는 그 매력적인 직업 제안을 거절하기가 매우 어려웠다. 0073 ① 차를 주차장에서 뺐니? ② 교회에서는 모자를 벗는 게 관례이다. 0074 ① 콘서트는 정각에 시작됐다. ② 주자들이 출발선 부근에 모였다. 맨 처음부터 시작하도록 하자. – Sound of Music 중에서 0075 사람들은 단 하나의 명분 아래 모였다.

0066
① The prisoner tried to **escape** from jail.
② I could not **escape** the feeling that there was something wrong.

0067
① A young boy **guided** the old man to the station.
② The tour **guide** explained every little detail* about the monument.

0068
① It took five students to **lift** the statue in the lobby.
② My father gave me a **lift** to school.

0069
The pollutants* created by mankind **affect** the Earth's atmosphere and environment.

0070
He had to **push** his car for more than thirty minutes because his car broke down*.

0071
The supermarket had to **reduce** the price to attract customers.

0072
It was very difficult for me to **reject** the offer of that attractive job.

0073
① Did you **remove** your car from the parking space?
② It is customary to **remove** one's hat in a church.

0074
① The concert **started** on time.*
② The runners were gathered around the **start** line.
Let's **start** at the very beginning. – Sound of Music

0075
The people **united** under just one cause.

Pop Quiz (3)

① prove • Ⓐ 거절하다
② defy • Ⓑ 입증하다
③ maintain • Ⓒ 도망가다
④ shout • Ⓓ 줄이다
⑤ pollute • Ⓔ 거역하다
⑥ escape • Ⓕ 외치다
⑦ affect • Ⓖ 제거하다
⑧ reduce • Ⓗ 유지하다
⑨ reject • Ⓘ 영향을 주다
⑩ remove • Ⓙ 오염시키다

❏ **out of nowhere** 별안간, 불쑥
❏ **not ~ always** 항상 ~만은 아니다 (부분부정)
❏ **defy one's age** 젊어 보인다 (defy the years)
❏ **sell like hot cakes** 불티나게 팔린다
❏ **exhaust gas** 배출가스
❏ **detail** n. 상세한 것
❏ **pollutant** [pəlúːtənt] n. 오염 물질
❏ **break down** 고장나다
❏ **on time** 정각에

꼭 알아야 할 동사 100개 - II

discover [diskʌ́vər] 0076	*v.* (있던 것을)발견하다, 찾다 (find) ③ discovery *n.* 발견 *cf.* invent *vt.* (없던 것을) 발명하다
claim [kleim] 0077	*vt./n.* 요구(하다)(demand), 주장하다 (maintain) lay a claim to ~에 대한 권리를 주장하다
declare [diklɛ́ər] 0078	*vt.* 선포/선언하다 (announce), 신고하다 declare war against ~에 전쟁을 선포하다 ③ declaration *n.* 선포
reveal [riví:l] 0079	*vt.* 드러내다 (show, disclose ↔ conceal) ③ revelation *n.* 폭로; revealing *adj.* 드러내는, 폭로하는
seem [si:m] 0080	*vi.* ~인 것 같다 (appear) It seems that ~인 것 같다 ③ seemingly *adv.* 겉보기에는
accept [æksépt] 0081	*vt.* 받아들이다, 수용하다 (↔ reject) ③ acceptance *n.* 수용, 수락
draw [drɔ:] 0082	*v.* ① 그리다(sketch) ② 꺼내다 (take out) [drew-drawn, -ing] ③ drawing *n.* 그림; drawer *n.* 서랍
end [end] 0083	*v./n.* 끝(나다/내다) in the end 마침내; put an end to ~을 끝내다 ③ endless *adj.* 영원한
refuse [rifjú:z] 0084	*vt.* (~할 것을) 거절하다 refuse to-inf ~할 것을 거절하다 ③ refusal *n.* 거절, 거부
hurt [hə:rt] 0085	*v.* 다치다, 아프게 하다 *adj.* 다친(서술로만) [hurt, -ing] a <u>hurt</u> player (x) ; get hurt 다치다
acknowledge [əknálidʒ] 0086	*vt.* 인정하다, 시인하다(admit) ③ acknowledgement *n.* 인정
arrange [əréindʒ] 0087	*vt.* ① 조정하다 ② 정렬시키다 ③ (일정 등을) 잡다 flower arranging 꽃꽂이 ③ arrangement *n.* 정렬
assure [əʃúər] 0088	*vt.* 확신시키다 assure A of B A에게 B를 확신시키다
remind [rimáind] 0089	*vt.* 상기시키다, 떠올리게 하다 remind A of B A에게 B를 상기시키다
confirm [kənfə́:rm] 0090	*vt.* 확인하다 be officially confirmed 공식 확인되다 ③ confirmation *n.* 확인

Day 04

0076 There are still a lot of things to **discover** in the world, I think.

0077 ① The King **claimed** the newly conquered* land.
② Meet me in the baggage **claim** area.

0078 The country invaded a neighboring country without **declaring** war.

0079 Batman and Superman try hard not to **reveal** their true identities* in their movies.

0080 You **seem** like a very nice person.
♪ Sorry **seems** to be the hardest word. ♪ – Elton John

0081 I could not **accept** his gift because it was too costly.

0082 ① He learned how to **draw** in the art institute*.
② After **drawing** the curtains, the man **drew** his gun.

0083 ① I am sorry for being late. My meeting **ended** late.
② The lady began to cry at the **end** of the movie.

0084 ① The boy **refused** to do his homework.
② He was **refused** a visa by the country.

0085 ① She **hurt** my feelings when she declined my offer.
② The doctor checked the injured player, who got badly **hurt** during the game.

0086 He **acknowledged** his mistakes in public*.

0087 Please **arrange** a meeting with the CEO.

0088 Her father **assured** her that she will be completely healed.

0089 ① Please **remind** me to take my briefcase later.
② The elegant* movie star always **reminds** me of my late* mother.

0090 I'd like to **confirm** my reservation at your hotel.

buy [bai] 0091	*vt.* 사다, 구입하다(purchase) [bought, -ing] buy and sell 사고 팔다
contend [kənténd] 0092	*vi.* 논쟁하다, 다투다 *vt.* 주장하다 contender *n.* 경쟁자; contention *n.* 논쟁, 경쟁
pronounce [prənáuns] 0093	*v.* ① 발음하다 ② 선언하다(declare) pronunciation *n.* 발음, 선언
abolish [əbáliʃ] 0094	*vt.* 폐지하다, 없애다 (put an end to) decide to abolish 폐지키로 결정하다 abolition *n.* 폐지
appoint [əpɔ́int] 0095	*vt.* 임명하다, (만날)약속하다 appointment *n.* 임명, 약속; make an appointment with ~와 만날 약속을 하다
cease [siːs] 0096	*v.* 중단하다, 멈추다 (stop) Cease fire! 사격중지; cease to-inf / -ing ~하는 것을 중단하다
hug [hʌg] 0097	*v.* 껴안다, 포옹하다 (embrace) *n.* 포옹
inquire [inkwáiər] 0098	*vt.* 묻다 (ask) inquire into 조사하다 inquiry *n.* 질문
prohibit [prouhíbit] 0099	*vt.* 금(지)하다 (ban ↔ allow) prohibit ~from -ing ~하는 것을 금지하다 prohibition *n.* 금지
resign [rizáin] 0100	*v.* 물러나다 (quit) resignation *n.* 퇴직

0076 세상에는 아직도 발견할 게 많다고 생각한다. 0077 ① 그 왕은 새로 정복된 땅의 반환을 요구했다. ② 수하물 찾는 곳에서 저와 만나시죠. 0078 그 나라는 선전포고도 없이 이웃나라를 침범했다. 0079 배트맨과 슈퍼맨은 영화속에서 자신의 정체를 드러내지 않도록 부단히 노력한다. 0080 당신은 매우 좋은 사람 같습니다. ♪ 미안하다는 말은 가장 (하기) 힘든 말인 것 같다 ♪ – 엘튼 존의 노래제목 0081 나는 그의 선물이 너무 비싸서 받을 수가 없었다. 0082 ① 그는 미술학원에서 그림을 배웠다. ② 커튼을 친 후에 그 남자는 총을 꺼냈다. 0083 ① 늦어서 죄송합니다. 회의가 늦게 끝났습니다. ② 그 숙녀는 영화가 끝날 무렵 울기 시작했다. 0084 ① 그 소년은 숙제하길 거부했다. ② 그는 그 나라 비자발급이 거부되었다. 0085 ① 그녀가 내 제의를 거절하여 내 마음을 상하게 했다. ② 그 의사는 부상당한 선수를 검진했는데, 그 선수는 경기도중 심하게 다쳤다. 0086 그는 자신의 실수를 공개적으로 인정했다. 0087 최고 경영자와의 면담을 주선해 주세요. 0088 그녀의 아버지는 그녀가 완전히 치료될 것이라고 그녀를 확신시켰다. 0089 ① 이따 가방 챙기는 거 꼭 알려주세요. ② 그 고상한 영화배우는 항상 돌아가신 내 어머니를 떠올리게 한다. 0090 당신 호텔의 제 예약사항을 확인하고 싶습니다. 0091 나는 항상 페라리를 사길 원했다. ♪ 반짝이는 모든 게 금이라고 확신하는 여자가 있습니다. 그런데 그녀는 천국으로 가는 계단을 사고 있습니다. ♪ – 레드 제플린의 Stairway to Heaven중에서 0092 부사장은 내년 예산 계획을 놓고 최고 경영자와 논쟁을 벌였다. 0093 ① 그녀는 긴 단어를 제대로 발음했다. ② 그는 오후 7시에 사망한 것으로 발표됐다. 0094 ① 링컨이 노예제도를 폐지했다. ② 대다수 사람들이 그 법의 폐지에 찬성했다. 0095 그 왕은 아들을 장군으로 임명했다. 0096 공룡은 아주 오래 전에 멸종됐다. 0097 그 연인은 꼭 껴안았다. 0098 고객서비스 문제에 대해 문의하셨습니까? 0099 ① 그 법은 중독성이 강한 약물 사용을 금지하고 있다. ② 병원 안에서는 흡연이 금지된다. 0100 그 장군은 전쟁이 끝난 뒤 물러나기로 결심했다.

0091　I always wanted to **buy** a Ferrari.*
　　　♪ There's a lady who's sure all that glitters is gold. And she's **buying** a stairway to heaven. ♪ – *Stairway to Heaven, Led Zepplin*

0092　The vice president **contended** with the CEO over the next year's budget plan.

0093　① She **pronounced** the long word correctly.
　　　② He was **pronounced** dead at 7 pm.

0094　① Lincoln **abolished** slavery.
　　　② Most people voted to **abolish** the law.

0095　The king **appointed** his son as a general of his army.

0096　Dinosaurs **ceased** to exist a long long time ago.

0097　The couple **hugged** each other as hard as they could.

0098　Did you **inquire** about the problem to customer service?

0099　① The law **prohibits** the use of highly addictive drugs.
　　　② Everyone is **prohibited** from smoking inside the hospital.

0100　The general decided to **resign** after the war.

Pop Quiz (4)

① discover	•	Ⓐ 인정하다
② declare	•	Ⓑ 확인하다
③ acknowledge	•	Ⓒ 발견하다
④ arrange	•	Ⓓ 선언하다
⑤ remind	•	Ⓔ 상기시키다
⑥ confirm	•	Ⓕ 논쟁하다
⑦ contend	•	Ⓖ 조정하다
⑧ abolish	•	Ⓗ 임명하다
⑨ refuse	•	Ⓘ 거절하다
⑩ appoint	•	Ⓙ 폐지하다

□ **conquer** [káŋkər] *vt.* 정복하다
□ **identity** [aidéntəti] *n.* 신원, 신분 (ID)
□ **institute** [ínstətjùːt] *n.* 학원, 연구소
□ **in public** 공개적으로 (↔ in private)
□ **elegant** [éligənt] *adj.* 고상한, 기품있는
□ **late** *adj.* 죽은
□ **Ferrari** [fəráːri] 이탈리아산 최고급 스포츠카

꼭 알아야 할 동사 100개 - III

imply [implái] 0101	*vt.* 암시하다, 시사하다 (suggest, hint)　-lied, -ing express or implied 직접적인 또는 함축적인　🔵 implication *n.* 암시, 시사	
judge [dʒʌdʒ] 0102	*vt.* 판결하다, 판정하다　*n.* 재판관, 심판 judging from ~로 판단할 때　🔵 judgment *n.* 판결, 판정	
observe [əbzə́ːrv] 0103	*vt.* ① 관찰하다 (watch)　② 준수하다 (obey) observe the law 법을 준수하다　🔵 observation *n.* 관찰; observance *n.* 준수	
concede [kənsíːd] 0104	*vt.* ① 인정/허용하다 (admit)　② 양보하다 concede A to B A를 B에게 허용하다　🔵 concession *n.* 인정, 양보	
submit [səbmít] 0105	*vi.* 굴복하다 (give in)　*vt.* 제출하다 (hand in) submit to ~에 굴복하다　🔵 submission *n.* 제출	
check [tʃek] 0106	*vt./n.* ① 점검(하다)　② 수표 a check-up 건강검진; traveler's check 여행자 수표	
indicate [índikèit] 0107	*vt.* 가리키다, 나타내다 (show) indicate (to sb.) sth. (~에게) ~을 가리키다　🔵 indication *n.* 가리킴	
urge [əːrdʒ] 0108	*vt.* 촉구하다　*n.* 열망 have an urge to-inf ~하려는 열망이 있다	
produce [prədjúːs] 0109	*v.* ① 생산하다　② 초래하다 (bring about) mass-produce 대량 생산하다　🔵 product *n.* 생산 (품); producer *n.* 생산자, 제작자 (PD)	
receive [risíːv] 0110	*vt.* 받다, 수령하다 (get) 🔵 reception *n.* 환영회; receipt [risíːt] *n.* 영수증	
represent [rèprizént] 0111	*vt.* 대표하다(stand for), 대신하다 🔵 representative *adj.* 대표하는 *n.* 대표자, 국회의원	
surprise [sərpráiz] 0112	*vt.* 놀라게 하다　*n.* 놀람 be surprised at ~에 놀라다; to one's surprise 놀랍게도　🔵 surprising *adj.* 놀라운	
serve [səːrv] 0113	*vt.* ① 봉사하다　② (음식)제공하다 🔵 service *n.* 봉사; a civil servant 공무원	
stay [stei] 0114	*vi.* 머물다, 체류하다 stay (at) home 집에 머물다; homestay (유학생의) 하숙	
rob [rɑb] 0115	*vt.* 강탈하다 rob A of B A에게서 B를 빼앗다　🔵 robber *n.* 강도	

Day 05

0101 The doctor **implied** that the patient was very sick.

0102 The **judge** always has to be fair at trials.*

0103 The biologist carefully **observed** the changes in the subject.

0104 He had to **concede** his loss after the election.

0105 You must **submit** your assignment by Friday.

0106 ① **Check** your spelling and re-check it.
② I'm supposed to* get a regular **check**-up at the hospital.

0107 Red light usually **indicates** danger.

0108 The doctor **urged** the patient to quit drinking.

0109 The hardworking* carpenter **produces** many creative wooden chairs.

0110 ① Did you **receive** my email?
② He **received** lots of Christmas cards this year.

0111 He **represented** his country proudly at the Olympic Games.

0112 He was **surprised** to see her unhappy.

0113 The slave **served** his master well.

0114 I **stayed** home all weekend because I was not feeling good.
♪ If I don't see a ribbon around the ole* oak tree, I'll **stay** on the bus. ♪
　– Tie a Yellow Ribbon round the Ole Oak Tree, Tony Orlando & Dawn

0115 The young kid was **robbed** of his money by a couple of bullies.*

determine [ditə́ːrmin] 0116	*vt.* 결심하다, 결정하다 (decide) determine to -inf ~하기로 결정하다　᠁ determination *n.* 결심, 결정
dismiss [dismís] 0117	*vt.* ① 내쫓다, 해고하다 (fire)　② 무시하다 be dismissed for ~때문에 쫓겨나다
gather [gǽðər] 0118	*v.* 모이다, 모으다 (collect)
prevent [privént] 0119	*vt.* 막다, 금하다 (stop) prevent ~from -ing ~하지 못하게 하다　᠁ prevention *n.* 예방
provide [prəváid] 0120	*vt.* 제공하다 (supply) provide A with B A에게 B를 제공하다
regard [rigáːrd] 0121	*vt.* 간주하다 (consider)　*n.* ① 점　② (-s) 안부 regard A as B A를 B로 간주하다　᠁ regarding *prep.* ~와 관련하여
require [rikwáiər] 0122	*vt.* 요구하다 (demand) be required 필요하다 (need)　᠁ requirement *n.* 요구(사항)
revise [riváiz] 0123	*vt.* 고치다, 개정하다 (hange)　*n.* 개정(판) revise upwards/downwards 상향/하향 조정하다　᠁ revision *n.* 수정, 개정
save [seiv] 0124	*vt.* ① 구하다　② 저축하다 (↔ waste), 저장하다 a savings account 저축 계좌　᠁ safe *adj.* 안전한　*n.* 금고
support [səpɔ́ːrt] 0125	*vt./n.* 지지(하다), 후원(하다) (back) a support group 지원 단체　᠁ supporter *n.* 지지자, 후원자

0101 그 의사는 그 환자가 중병임을 시사했다. 0102 판사는 항상 재판에서 공정해야 한다. 0103 그 생물학자는 그 실험대상의 변화를 면밀히 관찰했다. 0104 그는 선거가 끝난 뒤 자신의 패배를 인정해야 했다. 0105 금요일까지 과제를 제출해야 한다. 0106 ① 철자를 검토하고 또 검토해라. ② 나는 병원에서 정기검진을 받기로 되어 있다. 0107 빨간신호등은 보통 위험을 가리킨다. 0108 그 의사는 환자에게 금주하라고 촉구했다. 0109 그 근면성실한 목수는 창의적인 나무 의자들을 많이 만들어낸다. 0110 ① 내 전자메일 받았니? ② 그는 올해 많은 크리스마스카드를 받았다. 0111 그는 올림픽에서 자랑스럽게 나라를 대표했다. 0112 그는 그녀가 불행한 것을 알고 놀랐다. 0113 그 노예는 주인을 충실히 섬겼다. 0114 기분이 좋지 않아서 주말 내내 집에 머물렀다. ♪ 오래된 떡갈나무 주변에서 리본을 보지 못한다면 나는 버스에 그대로 남아 있을 겁니다. ♪ – 토니 올랜도 앤 돈의 Tie a Yellow Ribbon round the Ole Oak Tree 중에서 0115 그 꼬마는 두 명의 악당들에게 돈을 강탈당했다. 0116 부검이 사망원인을 규명할 것이다. 0117 그 교사는 과제를 완수하지 못한 그 학생을 내쫓았다. 0118 사람들이 거리예술가들 주변으로 몰려들었다. 0119 새 법이 탈세를 막게 될 것이다. 0120 당신에 관한 더 많은 정보를 주세요. 0121 그는 아버지를 영웅으로 생각한다. 0122 공항 탑승구에 들어갈 때 탑승권과 신분증을 제시해야 한다. 0123 ① 계획을 변경했니? ② 그 책의 내용은 몇 차례 개정되었다. 0124 ① 그 파일 저장했니? ② 그 소방관이 화재로부터 두 명의 소녀를 구했다. ♪ 시간을 병 속에 담을 수 있다면, 가장 먼저 하고 싶은 일은 당신과 함께 보낼 수 있도록 매일매일을 영원히 저장해 두는 것입니다. ♪ – 짐 크로스의 Time in a Bottle 중에서 0125. 그 후보는 친구들로부터 많은 지지를 받았다.

0116 The autopsy* will **determine** the cause of death.

0117 The teacher **dismissed** the student who failed to complete his task.

0118 People **gathered** around the street performers.

0119 The new law will **prevent** tax evasion*.

0120 Please **provide** more information about yourself.

0121 He **regarded** his father as a hero.

0122 You are **required** to present your boarding pass and ID when you enter the gate at the airport.

0123 ① Did you **revise** your plan?
② The content of the book was **revised** several times.

0124 ① Did you **save** the file?
② The firefighter **saved** two little girls from the fire.
🎵 If I could **save** time in a bottle, the first thing that I'd like to do is to **save** every day till eternity passes away* just to spend them with you. 🎵
– *Time in a Bottle, Jim Croce*

0125 The candidate received lots of **support** from his friends.

Pop Quiz (5)

① imply • Ⓐ 봉사하다
② concede • Ⓑ 받다
③ produce • Ⓒ 강탈하다
④ receive • Ⓓ 금하다
⑤ represent • Ⓔ 모이다
⑥ serve • Ⓕ 인정하다
⑦ rob • Ⓖ 대표하다
⑧ determine • Ⓗ 암시하다
⑨ gather • Ⓘ 생산하다
⑩ prevent • Ⓙ 결심하다

- at trials 재판에서
- be supposed to-inf ~하기로 되어 있다
- hardworking *adj.* 근면한
- ole *adj.* old의 문어표현
- bully *n.* 악당
- autopsy [ɔ́ːtɑpsi] *n.* 부검
- tax evasion 탈세
- eternity [itə́ːrnəti] *n.* 영원
- till eternity passes away
  영원이 다할때까지 → 영원히

Practice Test (1)

다음 문장에서 강조된 단어와 의미가 가장 가까운 것을 고르시오.

1 There is no `chance` that he will happen to meet her again.
ⓐ advantage　　ⓑ possibility　　ⓒ effect　　ⓓ attitude

2 It is not the `subject` that we are talking about.
ⓐ state　　ⓑ authority　　ⓒ topic　　ⓓ moisture

3 I have a `dream` that my four little children will one day live in a nation where they will not be judged by the color of their skin but by the content of their character.
ⓐ ambition　　ⓑ consequence　　ⓒ glance　　ⓓ term

4 The USA is, for `example`, made up of various kinds of races.
ⓐ instance　　ⓑ end　　ⓒ quality　　ⓓ relationship

5 I can't believe that all the rumors `proved` to be true.
ⓐ gave up　　ⓑ put out　　ⓒ showed up　　ⓓ turned out

6 He was very sad that he was `rejected` by the university.
ⓐ sat down　　ⓑ put down　　ⓒ turned down　　ⓓ looked down

7 They could not help `ceasing` the operation of their factory.
ⓐ reminding　　ⓑ building　　ⓒ working　　ⓓ stopping

8 After `drawing` the curtains, the man drew his gun.
ⓐ making　　ⓑ pulling　　ⓒ appointing　　ⓓ hugging

9 Do you have any `trouble` solving the case?
ⓐ end　　ⓑ problem　　ⓒ escape　　ⓓ opinion

10 The president `resigned` his office after the scandal.
ⓐ quit　　ⓑ prepared　　ⓒ polluted　　ⓓ revealed

Ultra-basic Words 1

look, see, watch

 look [luk]

vi. ① ~하게 보인다, ~인 것 같다 (seem, appear)
She looked so sad at first sight.

② (~at)(눈을 돌려, 의식적으로) ~을 보다, 쳐다보다
All the students in the class looked at their teacher seriously.

n. ① 봄 ② (-s)외모
He was taking / having a close look at the pictures to select the persons with good looks.

phr. v. look after 돌보다 (take care of); look for 찾다 (search), 추구하다 (seek);
look into 조사하다 (investigate)

 see [siː] saw-seen

vt. ① 보이다 (시야에 들어오다)
I can see the mountain.

② ~하는 것을 보다
I saw / could see her swim(ming) in the pool.

③ 검진받다
You need to see a doctor in a hurry.

④ 이해하다 (understand)
I can see why the man did not come here.

phr. v. see off 배웅하다; see through 간파하다

 watch [wɑtʃ]

vt. ① (흥미를 가지고) 지켜보다, (TV, 영화, 게임 등) 관전하다
I was watching / seeing TV when he came back.

② 감시하다, 주시하다
All of a sudden, I thought of being watched by someone.

③ ~하는 것을 보다
We watched him climb / climbing the tall tree.

phr. v. watch out for ~을 주의하다

꼭 알아야 할 동사 100개 - IV

| **waste** [weist] 0126 | *vt.* 낭비하다 *n.* 쓰레기
Waste not, want not. 낭비하지 않으면 부족하지 않다. |

rule [ru:l] 0127
v. ① 통치하다 ② 판정하다 *n.* 규칙, 규정
the ruling party 여당(↔ an opposition party); as a rule 통상적으로

sound [saund] 0128
vi. (하게)소리나다 *n.* 소리 *adj.* 건전한
Sounds good. 좋은 소리(말)야; a sound mind 건전한 정신

direct [dirékt] 0129
vt. ① 지시/안내하다 ② 감독하다 *adj.* 직접적인(↔ indirect)
direct action 직접적인 행동 direction *n.* 지시; director *n.* 이사

upset [ʌpsét] 0130
vt. ① 당황하게 하다 ② 뒤엎다 *adj.* 당황한 [upset, ··ting]
be upset 당황하다, 화나다; upset an agreement 합의를 뒤집다

astonish [əstániʃ] 0131
vt. 매우 놀라게 하다 (amaze, surprise very much)
be astonished at/by ~에 깜짝 놀라다 astonishment *n.* 경악

beg [beg] 0132
vt. 구걸하다, 애원하다
Beg your pardon? 뭐라고요? beggar *n.* 거지

request [rikwést] 0133
vt./n. 요구/요청(하다)(ask for)
make a request (for) (~을) 요청하다

offer [ɔ́:fər] 0134
vt./n. 제안(하다)
a job offer 구직제의; accept an offer 제안을 받아들이다

delight [diláit] 0135
vt. 기쁘게 하다(↔ disappoint) *n.* 기쁨
with delight 기쁘게 delightful *adj.* 기쁨을 주는; delighted *adj.* (주어가) 기쁜

smell [smel] 0136
vi. (~한) 냄새가 나다 *vt.* 냄새를 맡다 *n.* 냄새
the smell of N ~의 냄새

reserve [rizə́:rv] 0137
vt. 비축하다 (set aside) *n.* 예비
 reserved *adj.* 예비된, 비축된

bother [báðər] 0138
vt. 귀찮게 하다 (trouble) *n.* 성가심, 폐
It's no bother. 괜찮습니다. (성가신 일이 아니란 의미)

review [rivjú:] 0139
vt./n. 복습(하다), 평가(하다)
a book review 서평; review for exams 시험공부를 하다

taste [teist] 0140
vi. (~한)맛이 나다 *vt./n.* 맛(보다)
a sense of taste 미각 tasty *adj.* 맛있는

Day 06

0126　① A great deal of taxpayers' money is being **wasted** in unnecessary fields.
　　　② Nothing goes to **waste**.

0127　The committee **ruled** in favor of* the **ruling** party.

0128　She **sounded** very happy on the phone.

0129　**Direct** me to the right path.

0130　The coach got **upset** when the team did not do their best* and lost the match.

0131　The grand* view was more than enough to **astonish** the tourists.

0132　I **beg** to differ.

0133　The prisoner **requested** that he be moved to another facility.

0134　The company **offered** me a raise and a better position.
　　　🎬 I'm going to make him an **offer** he can't refuse. 📖 – Godfather

0135　My mother was **delighted** to see my report card.

0136　① The room **smelled** of food.
　　　② I **smell** something delicious from the kitchen.

0137　This **reserved** parking space is for the owner of the building.

0138　The student was **bothered** by the fact that he was not elected as the class president*.

0139　You must **review** your vocabulary before taking the exam.

0140　① Did you **taste** that delicious* cheese cake?
　　　② She has a keen sense of **taste**.

collect [kəlékt] 0141	*vt.* 수집하다 (gather)　*adj.* 수취인 부담의 make a collect call 수취인 부담 전화를 걸다　collection *n.* 수집
underline [ʌ́ndərlàin] 0142	*vt./n.* 밑줄(을 긋다), 강조하다 (emphasize, underscore) an underlined part 밑줄 친 부분
convey [kənvéi] 0143	*vt.* 전(달)하다 convey A to B　A를 B에게 전(달)하다　conveyance *n.* 전달, 운송
pray [prei] 0144	*vi.* 기도하다　*vt.* 희망하다 (hope) pray to God 하느님께 기도하다; pray for ~을 위해 기도하다　prayer *n.* 기도 (문)
celebrate [séləbrèit] 0145	*vt.* 축하하다, 경축하다 celebrated *adj.* 저명한; celebration *n.* 축하, 찬사
complicate [kámpləkèit] 0146	*vt.* 복잡하게 만들다 (형용사로는 쓰이지 않음) complicated *adj.* 복잡한
rent [rent] 0147	*vt./n.* 임대(하다), 임대료 rent a room to sb. ~에게 방을 임대하다; pay the rent 임대료를 내다
shut [ʃʌt] 0148	*v.* 닫다, 닫히다 (close ↔ open)　*adj.* 닫힌 (서술로만)　shut, - -ting a shut window (X); a closed window (O) 닫힌 창문
increase *v.*[inkríːs] *n.*[ínkriːs] 0149	*v.* 늘(리)다 (↔ decrease)　*n.* 증가 (rise) a sharp / rapid increase 급격한 증가
spread [spred] 0150	*v./n.* 확산 (시키다) / 확산 (되다)　spread, -ing spread like wildfire 삽시간에 퍼지다

0126 ① 납세자의 막대한 돈이 불필요한 분야에서 허비되고 있다. ② 하나도 버릴 게 없다. 0127 그 위원회는 여당에 유리하게 판정했다. 0128 전화상으로 그녀는 매우 즐거워 보였다. 0129 나를 옳은 길로 안내하시오. 0130 그 감독은 팀이 최선을 다하지 않아 패하자 화가 났다. 0131 그 장엄한 광경은 관광객들을 경탄하게 하기에 충분했다. 0132 저는 생각이 다른 데요. 0133 그 죄수는 자신을 다른 감옥으로 옮겨줄 것을 요청했다. 0134 그 회사는 나에게 임금인상과 더 나은 자리를 제안했다.  나는 그가 거절할 수 없는 제안을 할거야. - Godfather 중에서 0135 어머니께서 내 성적표를 보시고 기뻐하셨다. 0136 ① 방에서 음식 냄새가 났다. ② 나는 부엌에서 달콤한 냄새를 맡았다. 0137 이 지정주차 공간은 건물주를 위한 것이다. 0138 그 학생은 자신이 반장으로 선출되지 않았다는 사실에 당혹해 했다. 0139 시험보기 전에 반드시 어휘를 복습해야 한다. 0140 ① 그 맛있는 치즈케익을 맛보았니? ② 그녀는 미각이 예민하다. 0141 ① 나는 어렸을 때 우표수집을 좋아했다. ② 수중에 돈이 없어서 그녀에게 수신자부담 전화를 할 밖에 없었다. 0142 중요한 문구에 밑줄을 그었니? 0143 대중교통은 많은 것들을 실어 나른다. 0144 ① 그 어머니는 아들의 무사귀환을 기도했다. ② 그녀는 그가 집으로 무사히 돌아오길 기도했다. 0145 그 유명가수는 다섯번째 콘서트를 열었다. 0146 아들의 의료비가 그의 재정 상태를 어렵게 만들었다. 0147 뉴욕시의 임대료는 엄청나게 비싸다. 0148 ① 그는 지난 금요일 퇴근하기 전에 창문을 닫았다. ② 그 건물의 모든 창문은 닫혀있었다. 0149 대미 수출이 지난해 크게 증가했다. 0150 그 질병은 그 지역에서 빠른 속도로 확산되기 시작했다.

0141　① I loved to **collect** stamps when I was young.
　　　② I was forced to make a **collect** call to her because I had no money with me.*

0142　Did you **underline** the important phrases?

0143　The public transports **convey** many things.

0144　① The mother **prayed** for the safe return of her son.
　　　② She **prayed** that he would return home safely.

0145　The **celebrated** singer held his fifth career* concert.

0146　His son's medical bill **complicated** his financial status.*

0147　The **rent** in New York City is extremely* high.

0148　① He **shut** the window before leaving the office last Friday.
　　　② All the windows of that building were **shut**.

0149　The exports to the US **increased** greatly last year.

0150　The disease began to **spread** like wildfire in the region.

- in favor of　~을 편들어
- do one's best　최선을 다하다
- grand　*adj.* 장엄한, 거대한
- the class president　반장
- delicious　*adj.* (보통 단음식) 맛있는
- have no money with sb.　수중에 돈이 없다
- career　*adj.* 직업의, 전문의
- financial status　재정 상태
- extremely　*adj.* 엄청나게, 극단적으로

Pop Quiz (6)

① waste　　　　Ⓐ 애원하다
② direct　　　　Ⓑ 수집하다
③ beg　　　　　Ⓒ 낭비하다
④ request　　　Ⓓ 기쁘게 하다
⑤ delight　　　Ⓔ 임대하다
⑥ reserve　　　Ⓕ 기도하다
⑦ bother　　　Ⓖ 귀찮게 하다
⑧ collect　　　Ⓗ 지시하다
⑨ pray　　　　Ⓘ 비축하다
⑩ rent　　　　Ⓙ 요청하다

꼭 알아야 할 형용사 50개 - I

common [kámən] 0151	*adj.* 보통의, 일상적인(↔ rare) *n.* 공통, 공동 common sense 상식; have ~in common ~을 공유하다
correct [kərékt] 0152	*adj.* 옳은(right ↔ incorrect) *vt.* 바로잡다 a correct answer 정답 correction *n.* 교정
sincere [sinsíər] 0153	*adj.* ① 성실한 ② 진심의 sincerely *adv.* 성실하게
subtle [sʌtl] 0154	*adj.* 미묘한(↔ obvious), 난해한 a subtle change 미묘한 변화 subtly *adv.* 미묘하게
abrupt [əbrʌ́pt] 0155	*adj.* 갑작스런(sudden), 뜻밖의(unexpected) abruptly *adv.* 갑자기(suddenly)
bold [bould] 0156	*adj.* ① 대담한, 과감한(brave ↔ cautious) ② 굵은 글씨의 boldly *adv.* 대담하게
brief [bri:f] 0157	*adj./n.* 짧은 (short), 간결(한) (concise) in brief 간단히 briefing *n.* (간단한) 설명; briefly *adv.* 간단히
bright [brait] 0158	*adj.* ① 밝은 (↔ dark) ② 똑똑한 (clever) a bright color 밝은 색 brighten *v.* 빛나다, 밝게 하다
brilliant [bríljənt] 0159	*adj.* ① 찬란한 (very bright) ② 명석한 brilliant sunshine 눈부신 햇빛 brilliantly *adv.* 찬란하게
calm [kɑ:m] 0160	*adj.* 고요한 (quiet) *v.* 가라앉(히)다 calm down 진정하다; the Land of Morning Calm* 고요한 아침의 나라
casual [kǽʒuəl] 0161	*adj.* ① 무관심한 ② 격식 없는 casual wear 평상복 casually *adv.* 무심결에, 격의 없이
cheerful [tʃíərfəl] 0162	*adj.* ① 활기찬 ② 환호하는 Cheer up! 힘내! cheer *n./v.* 환호(하다)
delicate [délikit] 0163	*adj.* ① 섬세한 ② 미묘한 a delicate situation 미묘한 상황 delicately *adv.* 섬세하게, 미묘하게
dramatic [drəmǽtik] 0164	*adj.* 극적인, 놀라운(striking) a dramatic change 극적인 변화 dramatically *adv.* 극적으로
elder [éldər] 0165	*adj.* 손위의(수식만, ↔ younger) my elder brother 형 *cf.* older 손위의(수식, 서술 가능)

Day 07

0151
① It is very **common** for a child to be afraid of* the dark.
② She lacks **common** sense.

0152
① His answer was **correct**.
② The teacher **corrected** his grammatical errors.

0153
It is always nice to meet a **sincere** person.

0154
Everyone knew the answer to the **subtle** question.

0155
His **abrupt** appearance surprised all the people at the meeting.

0156
The **bold** adventurer continued his long journey to find the treasure.*

0157
He stood there without speaking for a **brief** moment.

0158
He is a **bright** young man.

0159
The **brilliant** man thought up many original ideas.

0160
You must **calm** down.

0161
① She was very **casual** about the matter.
② She wore **casual** wear to the formal party.

0162
The singer started to sing a very **cheerful** song.

0163
① The glassware was very **delicate**.
② The **delicate** artwork broke very easily.

0164
Her **dramatic** performance* in the play won her the grand prize.

0165
My **elder** / older brother is four years older.

fond [fand] 0166	*adj.* 좋아하는 be fond of ~을 좋아하다	📖 fondness *n.* 좋아함
grateful [gréitfəl] 0167	*adj.* 고마워하는 (thankful) be grateful for ~에 고마워하다	📖 gratefully *adv.* 기꺼이
horizontal [hɔ̀:rəzántl] 0168	*adj.* 수평(선)의 (↔ vertical) a horizontal line 수평선	📖 horizon [həráizən] *n.* 수평(선)
mature [mətjúər] 0169	*adj.* 성숙한 (ripe ↔ immature) *vi.* 자라다 a mature lady 성숙한 숙녀	📖 maturity *n.* 성숙
miserable [mízərəbl] 0170	*adj.* 비참한 a miserable day 비참한 날	📖 misery *n.* 비참
raw [rɔː] 0171	*adj.* 날것의, 가공하지 않은 raw materials 원자재	📖 rawness *n.* 날 것, 미숙
remote [rimóut] 0172	*adj.* 먼, 멀리 떨어진 remote control 원격조종(기)	
swift [swift] 0173	*adj.* 빠른, 신속한 (quick) swift and intense 빠르고 강렬한	📖 swiftness *n.* 신속
tender [téndər] 0174	*adj.* 부드러운 (gentle ↔ tough) her tender voice 그녀의 부드러운 목소리	📖 tenderness *n.* 부드러움
weary [wíəri] 0175	*adj.* ① 지친 ② 질린 (tired) be weary of ~에 질리다	📖 weariness *n.* 지침, 염증

0151 ① 아이가 어둠을 두려워하는 것은 매우 흔한 일이다. ② 그녀는 상식이 부족하다. 0152 ① 그의 대답은 정답이었다. ② 그 교사가 그의 문법적 오류를 바로 잡아 주었다. 0153 성실한 사람을 만나는 것은 항상 좋다. 0154 모두가 그 미묘한 문제의 답을 알고 있었다. 0155 그의 갑작스런 출현으로 회의장의 모든 사람들이 놀랐다. 0156 그 대담한 모험가는 보물을 찾기 위한 긴 여정을 계속했다. 0157 그는 잠시 동안 말없이 거기에 서 있었다. 0158 그는 똑똑한 젊은이다. 0159 그 명석한 남자가 원래의 아이디어를 많이 내놓았다. 0160 너는 진정해야 한다. 0161 ① 그녀는 그 문제에 대해 매우 무신경했다. ② 그녀는 공식파티에서 평상복을 입었다. 0162 그 가수가 매우 활기찬 노래를 부르기 시작했다. 0163 ① 그 유리제품은 매우 약했다. ② 그 섬세한 예술품은 매우 쉽게 부서졌다. 0164 그녀는 그 연극에서 빼어난 연기를 보여줘 대상을 받았다. 0165 내 형은 (나보다) 네 살 위다. 0166 그녀는 그를 매우 좋아한다. 0167 그는 그녀가 선물을 준 데 감사했다. 0168 그 수평선이 이 직사각형의 기반이다. 0169 그는 이 중대한 문제를 충분히 이해할 정도로 자랐다. 0170 그는 내내 혼자였기 때문에 비참했다. 0171 초밥은 날생선과 기타 해산물로 만든다. 0172 그는 외딴섬에서 내내 혼자 살았다. 0173 그는 날랜 동작으로 테이프를 끊었다. 0174 그 고기는 매우 부드러웠다. 0175 그는 오랜 경주 끝에 지쳤다.

0166 She was very **fond** of him.

0167 He was **grateful** to her for the gift.

0168 The **horizontal** line is the base of this rectangle*.

0169 He was **mature** enough to understand this serious problem.

0170 He was **miserable** because he was all alone.

0171 Sushi* is made with **raw** fish and other seafoods.

0172 He lived on a **remote** island all by himself*.

0173 He cut the tape in a **swift** manner.

0174 The meat was very **tender**.

0175 He became **weary** after the long race.

- the Land of Morning Calm 인도 시인 타고르가 처음 한 말로 우리나라를 가리킴
- be afraid of ~을 두려워하다
- treasure [trézər] n. 보물
- performance [pərfɔ́ːrməns] n. 공연, 성과
- rectangle [réktæŋgl] n. 직사각형
- sushi [súːʃi] n. 초밥, 생선회
- by oneself 혼자, 외로이

Pop Quiz (7)

1 common	•	Ⓐ 미묘한
2 subtle	•	Ⓑ 손위의
3 bold	•	Ⓒ 공통의
4 brilliant	•	Ⓓ 날 것의
5 dramatic	•	Ⓔ 찬란한
6 elder	•	Ⓕ 고마워하는
7 fond	•	Ⓖ 극적인
8 grateful	•	Ⓗ 성숙한
9 mature	•	Ⓘ 대담한
10 raw	•	Ⓙ 좋아하는

꼭 알아야 할 형용사 50개 - II

cruel [krú(:)əl] 0176	*adj.* 잔인한(↔ kind) be cruel to ~에 잔인하게 하다 団 cruelty *n.* 잔인
gentle [dʒentl] 0177	*adj.* 온화한, 점잖은 Ladies and gentlemen! 신사숙녀 여러분! 団 gently *adv.* 점잖게; gentleness *n.* 의젓
heavy [hévi] 0178	*adj.* ① 무거운(↔ light) ② 대량의 heavy industry 중공업; heavy rain 호우 団 heavily *adv.* 무겁게, 격렬하게
proper [prápər] 0179	*adj.* 적절한, 적당한 (suitable) a proper job 적절한 일; a proper noun 고유명사
eager [íːgər] 0180	*adj.* 열망하는 be eager to-inf/for N ~을 간절히 바라다 団 eagerness *n.* 염원, 열망
efficient [ifíʃənt] 0181	*adj.* 효율적인, 효과적인 (effective) an efficient system 효율적인 체계 団 efficiency *n.* 효율
familiar [fəmíljər] 0182	*adj.* 친숙한, 익숙한 (well-known, friendly) be familiar with sth./to sb. ~이/에게 친숙하다 団 familiarity *n.* 친숙
fantastic [fæntǽstik] 0183	*adj.* 환상적인, 놀라운 a fantastic work 환상적인 작품 団 fantasy *n.* 환상
frank [fræŋk] 0184	*adj.* 솔직한 (candid) to be frank (with you) 솔직히 (말해) 団 frankly *adv.* 솔직히
graceful [gréisfəl] 0185	*adj.* 우아한, 품위 있는 (elegant) a graceful dancer 우아한 무희 団 grace *n.* 우아, 품위
honest [ánist] 0186	*adj.* 정직한 (trustworthy ↔ corrupt) honest and reliable 정직하고 믿을만한 団 honesty *n.* 정직
humid [hjúːmid] 0187	*adj.* 습기가 많은, 축축한 (damp, wet) hot and humid 고온 다습의 団 humidity *n.* 습도, 습기
noisy [nɔ́izi] 0188	*adj.* 소란스러운 (↔ quiet) get noisy 시끄러워지다 団 noise *n.* 소란; make a noise 소란 떨다
obscure [əbskjúər] 0189	*adj.* 모호한 become obscure 모호해지다 団 obscurity *n.* 모호
quiet [kwáiət] 0190	*adj.* 고요한, 조용한 (still, silent) Be quiet! 조용히 해! 団 quietness *n.* 고요

Day 08

0176 The punishment* was too **cruel** for the boy.

0177 He was very **gentle** with the fragile artwork*.
♪ How **gentle** is the rain that falls softly on the meadow! ♪
   - A Lover's Concerto, Sarah Vaughan

0178 The book was too **heavy** for the children to carry.

0179 She was rejected by the university because she did not have the **proper** documents.

0180 He was **eager** to marry her.

0181 ① The **efficient** worker was given a bonus.
② The plan was very **efficient** and produced lots of positive effects.

0182 He saw many **familiar** faces during the 10 year reunion party*.

0183 The player scored the winning goal with a **fantastic** play.

0184 He was **frank** and honest about everything.

0185 Everyone paid attention to* her **graceful** dance.

0186 The **honest** kid could not tell a lie.
♪ **Honesty** is such a lonely word. Everyone is so untrue.
Honesty is hardly ever heard, and mostly what I need from you. ♪
   - Honesty, Billy Joel

0187 He turned on* the air conditioner because it was too **humid**.

0188 They had to shout at each other because it was too **noisy** inside.

0189 She could not understand his **obscure** answer.

0190 The teacher told him to be **quiet**.

random [rǽndəm] 0191	*adj./n.* 되는 대로의, 임의(의) at random 되는 대로　randomly *adv.* 닥치는 대로
rapid [rǽpid] 0192	*adj.* 빠른, 급격한 (fast) rapid economic growth 빠른 경제성장　rapidly *adv.* 급격하게
rough [rʌf] 0193	*adj.* 거친, 사나운 (↔ smooth) rough and ready 투박한, 거친　roughly *adv.* 거칠게
round [raund] 0194	*adj.* 둥근　*adv.* 둘레에　*n.* (경기)회 all year round 연중 내내; turn (a)round 돌다
sharp [ʃɑːrp] 0195	*adj.* ① 예리한 ② 신랄한 a sharp knife (날이) 예리한 칼　sharpness *n.* 예리, 신랄
single [síŋgl] 0196	*adj.* ① 하나의, 혼자의(↔ double) ② 미혼의(↔ married) a single-parent family 편부/모 가정; a single bed 1인용 침대
smooth [smuːð] 0197	*adj.* 부드러운, 순탄한 a smooth skin 고운 피부　smoothly *adv.* 부드럽게
standard [stǽndərd] 0198	*adj./n.* 기준(의), 표준(의) a double standard 이중 기준 *cf.* standardly (x)　standardize *vt.* 표준화 하다
steady [stédi] 0199	*adj.* 꾸준한, 변함 없는 (constant) slow and steady 천천히 그리고 꾸준히　steadily *adv.* 꾸준히
convenient [kənvíːnjənt] 0200	*adj.* (사물이) 편리한, 간편한 (↔ inconvenient) It is convenient for sb. to-inf ~하는 게 편리하다　convenience *n.* 편리

0176 그 소년에게 그 처벌은 너무 가혹했다. 0177 그는 그 약한 예술작품을 매우 조심스레 다뤘다. ♪ 풀밭에 소리 없이 내리는 비가 어찌나 부드러운지! ♪ – 사라 번의 A Lover's Concerto 중에서 0178 그 책은 너무 무거워서 그 아이들이 들 수가 없었다. 0179 그녀는 적절한 서류들을 제출하지 않았기 때문에 대학입학이 거부되었다. 0180 그는 그녀와 결혼하고 싶어했다. 0181 ① 그 유능한 노동자에게 보너스가 제공됐다. ② 그 계획은 매우 효과적이어서 많은 긍정적인 결과들을 이끌어냈다. 0182 그는 졸업 10주년 파티에서 많은 친숙한 얼굴들을 보았다. 0183 그 선수는 환상적인 플레이로 결승점을 올렸다. 0184 그는 모든 면에서 솔직하고 정직했다. 0185 모두가 그녀의 우아한 춤을 주목했다. 0186 그 정직한 소년은 거짓말을 할 수 없었다. ♪ 정직은 매우 외로운 말이다. 모두가 매우 진실하지 못하다. 정직은 거의 들어본 적 없는 말인데 지금 당신에게서 내가 들어야 하는 말이다. ♪ – 빌리 조엘의 Honesty 중에서 0187 너무 후덥지근해서 그는 에어컨을 켰다. 0188 안이 너무나 시끄러워서 그들은 서로에게 고함을 질러야 했다. 0189 그녀는 그의 모호한 대답을 이해할 수 없었다. 0190 그 교사는 그에게 조용히 하라고 말했다. 0191 ① 기술용어인 램은 '임의추출 기억장치'의 줄임말이다. ② 그 교사는 학생들을 임의로 호출했다. 0192 KTX는 대단히 빠른 열차이다. 0193 이웃이 거친 사람들일 경우에는 주의해야 한다. 0194 ① 우리는 어제 백화점에서 둥근 탁자를 구입했다. ② 그 권투선수는 7회에 KO됐다. 0195 아이들은 날카로운 물건 주변을 조심해야 한다. 0196 그는 1인용침대가 딸린 아파트를 빌렸다. 0197 그 비단은 매우 부드러웠다. 0198 업무 효율성을 높이기 위해 기준을 올릴 필요가 있다. 0199 천천히 그리고 꾸준히 하면 승리한다. 0200 인터넷이 우리 생활을 (과거보다) 훨씬 더 편리하게 만들었다.

0191　① RAM, a technical term, is an abbreviation* for '**Random** Access Memory'.
　　　② The teacher called out the students at **random**.

0192　The KTX* is a very **rapid** train.

0193　You have to be careful in a **rough** neighborhood*.

0194　① We bought a new **round** table at the department store.
　　　② The boxer was knocked out at the seventh **round**.

0195　Children must be careful around **sharp** objects.

0196　He rented a **single** bedroom apartment.

0197　The silk was very **smooth**.

0198　You have to raise the **standard** in order to improve your work efficiency.

0199　Slow and **steady** wins the race.

0200　The Internet made our lives much more **convenient**.

- punishment [pʌ́niʃmənt] n. 처벌
- fragile artwork 깨지기 쉬운 예술작품
- a reunion party 동창회
- pay attention to ~에 주목하다
- turn on 켜다 (on은 부사)
- abbreviation [əbrìːviéiʃən] n. 약자
- KTX Korea Train eXpress
- neighborhood n. 이웃 cf. neighbor 이웃 사람

Pop Quiz (8)

① cruel	•	Ⓐ 모호한
② heavy	•	Ⓑ 무거운
③ efficient	•	Ⓒ 습기가 많은
④ fantastic	•	Ⓓ 기준(의)
⑤ humid	•	Ⓔ 빠른
⑥ obscure	•	Ⓕ 되는 대로의
⑦ random	•	Ⓖ 잔인한
⑧ rapid	•	Ⓗ 효율적인
⑨ round	•	Ⓘ 둥근
⑩ standard	•	Ⓙ 환상적인

꼭 알아야 할 부사 25개

wonderfully [wʌ́ndərfəli] 0201	*adv.* 훌륭하게, 놀라울 정도로 wonder *n.* 경이, 기적; wonderful *adj.* 놀라운
simply [símpli] 0202	*adv.* 단순히, 단지(just) simple *adj.* 단순한; simple and easy 단순하고 쉬운
slightly [sláitli] 0203	*adv.* 약간(a little, somewhat) slight *adj.* 약간의(small)
subsequently [sʌ́bsikwəntli] 0204	*adv.* 결과적으로, 그 후에(later) subsequent *adj.* 뒤 이은, 결과적인
totally [tóutəli] 0205	*adv.* 전적으로(entirely), 완전히(completely) total *adj.* 전체의; total sum 합계, 총계
perfectly [pə́ːrfiktli] 0206	*adv.* 완벽하게(flawlessly) perfect *adj.* 완벽한
dreadfully [drédfəli] 0207	*adv.* ① 무섭게 ② 몹시, 지독하게(awfully, terribly) dreadful *adj.* 무시무시한, 겁에 질린
generally [dʒénərəli] 0208	*adv.* 일반적으로, 보통(usually, ordinarily) general *adj.* 일반적인 *n.* 장군, 일반; in general 일반적으로
poorly [púərli] 0209	*adv.* ① 불쌍하게 ② 서툴게 poor *adj.* 가난한, 서툰; be poor at ~에 서툴다(↔ be good at)
purely [pjúərli] 0210	*adv.* ① 순수하게 ② 순전히 pure *adj.* 순수한, 완전한; pure and simple 전적으로
quite [kwait] 0211	*adv.* 꽤 quite a few 상당수의
seriously [síəriəsli] 0212	*adv.* ① 심각하게 ② 진지하게 serious *adj.* 심각한, 진지한
utterly [ʌ́tərli] 0213	*adv.* 전적으로(totally, entirely) utter *adj.* 완전한, 전적인
accordingly [əkɔ́ːrdiŋli] 0214	*adv.* 따라서(therefore) accord *v.* 일치하다; according *adj.* 일치하는; according to ~에 따라
almost [ɔ́ːlmoust] 0215	*adv.* ① 거의(nearly) ② 하마터면 almost all 거의 모두; almost kill 하마터면 죽일 뻔하다

Day 09

0201　Welcome to this **wonderfully** beautiful island.

0202　① The thing is **simply** that he won't listen to* me.
　　　② She lived a very <u>simple</u> life without any complications*.

0203　He **slightly** adjusted* the picture on the wall.

0204　He **subsequently** invested more money in stocks after receiving a bonus.

0205　It was **totally** his father's fault.

0206　She finished the project **perfectly** within the deadline*.
　　　To me, you are <u>perfect</u>. - Love Actually

0207　The horror movie was **dreadfully** scary and bloody*.

0208　**Generally** speaking, the side with bigger guns wins the battle.

0209　The competitor performed **poorly** on stage and did not win the competition.

0210　I think I was **purely** lucky to pass the entrance examination.

0211　There were **quite** a few people in front of the building.

0212　① You should take his advice **seriously**.
　　　② Cheating* on a test is a <u>serious</u> crime.

0213　This restaurant's food was **utterly** inedible*.

0214　The money left by their parents was distributed* **accordingly**.

0215　He **almost** won the lottery. He had five out of six numbers.

fully [fúli] 0216	*adv.* 충분히, 완전히(completely) full *adj./n.* 충분(한); be full of ~로 가득하다; in full 완전히
hugely [hjúːdʒli] 0217	*adv.* 거대하게, 엄청나게(enormously) huge *adj.* 거대한, 방대한(vast)
narrowly [nǽrouli] 0218	*adv.* ① 가까이(closely) ② 간신히 narrow *adj.* 좁은(↔wide)
nervously [nə́ːrvəsli] 0219	*adv.* ① 신경질적으로 ② 노심초사해서(uneasily) nervous *adj.* 신경질적인, 초조해하는(tense)
profoundly [prəfáundli] 0220	*adv.* 심오하게, 깊이 profound *adj.* 심오한, 깊은(deep)
safely [séifli] 0221	*adv.* 안전하게 safe *adj.* 안전한; safety *n.* 안전; safe and sound 안전하게
severely [səvíərli] 0222	*adv.* 심하게, 엄하게 severe *adj.* 심한(harsh)
strongly [strɔ́ːŋli] 0223	*adv.* 강렬하게 strong *adj.* 강한, 튼튼한 (powerful ↔ weak)
terribly [térəbli] 0224	*adv.* ① 무섭게 ② 몹시(extremely) terrible *adj.* ① 무서운 ② 충격적인(shocking)
thoroughly [θə́ːrəli] 0225	*adv.* 철저히, 완전히 thorough *adj.* 철저한, 완전한

0201 놀라울 정도로 아름다운 이 섬에 오신 걸 환영합니다. 0202 ① 문제는 단지 그가 도무지 내 말을 들으려 하지 않는다는 점이다. ② 그녀는 어떤 복잡함도 없이 매우 단순한 생활을 했다. 0203 그는 벽에 걸린 그림을 약간 조절했다. 0204 그는 보너스를 받은 뒤 결과적으로 주식에 더 많은 돈을 투자했다. 0205 그것은 전적으로 그의 아버지 잘못이었다. 0206 그녀는 그 일을 기한내에 완벽히 끝냈다. 내게 있어, 당신은 완벽해. - Love Actually 중에서 0207 그 공포영화는 엄청나게 무섭고 잔인했다. 0208 일반적으로 말해, 무기가 많은 쪽이 싸움에 이긴다. 0209 그 경쟁자는 무대에서 서툰 연기를 보여줘 입상하지 못했다. 0210 내가 입학시험에 합격한 것은 순전히 행운이었다고 생각한다. 0211 그 건물 앞에 꽤 많은 사람들이 있었다. 0212 ① 너는 그의 충고를 진지하게 받아들여야 한다. ② 시험 볼 때의 부정행위는 심각한 범죄행위다. 0213 이 식당 음식은 정말로 먹을 수가 없었다. 0214 그들의 부모님이 남겨주신 돈이 뒷날 분배되었다. 0215 그는 거의 복권에 당첨될 뻔 했다. 6개 번호 가운데 5개를 맞췄기 때문이다. 0216 그녀는 돈을 훔쳤을 때 그에 따른 결과를 충분히 알고 있었다. 밤마다 나는 내 심장을 도려냈지만 아침이면 다시 채워졌다. - The English Patient 중에서 0217 그녀는 수상에 실패하자 대단히 실망했다. 0218 그는 산불현장에서 동생과 가까스로 도망쳤다. 0219 ① 그 소년은 그것에 신경질적인 반응을 보였다. ② 기말시험을 앞두고 모두들 초조해진다. 0220 그가 깊이 있게 쓴 졸업논문이 대학신문에 실렸다. 0221 그는 항상 안전하게 운전하기 때문에 '도로 안전의 대명사'로 불린다. 0222 그 축구선수는 경기도중 심하게 부상을 당했다. 0223 ① 네가 기말고사를 준비해야 한다고 그가 강력하게 충고했다. ② 한 숙녀가 아이의 손을 꼭 잡았다. 0224 그는 컵을 깨뜨린 데 대해 몹시 미안해했다. 0225 변화에 철저히 대비할 필요가 있다.

Day 09

0216 She was **fully** aware of the consequences when she stole the money.
Every night I cut my heart out, but by morning it was <u>full</u> again.
- *The English Patient**

0217 She was **hugely** disappointed when she did not receive the award.

0218 He **narrowly** escaped with his brother from the forest fire.

0219 ① The boy reacted **nervously** to it.
② Everyone gets <u>nervous</u> before the final examination.

0220 His graduate paper that was **profoundly** written was printed in the university periodicals*.

0221 He passes for *Mr. Safety on the Road*, as he always drives **safely**.

0222 The football player got injured **severely** during the game.

0223 ① He **strongly** advised the study for the final exam.
② A lady held her kid's hand <u>tightly</u> / <u>firmly</u>. (이 경우 strongly는 부적절)

0224 He was **terribly** sorry for breaking the cup.

0225 You need to prepare **thoroughly** for the changes.

Pop Quiz (9)

1. simply · · Ⓐ 심오하게
2. subsequently · · Ⓑ 거의
3. generally · · Ⓒ 순수하게
4. purely · · Ⓓ 신경질적으로
5. seriously · · Ⓔ 단순하게
6. almost · · Ⓕ 안전하게
7. hugely · · Ⓖ 결과적으로
8. nervously · · Ⓗ 심각하게
9. profoundly · · Ⓘ 거대하게
10. safely · · Ⓙ 일반적으로

- won't listen to ~을 들으려 하지 않다
- complications [kàmplikéiʃənz] n. 복잡한 일
- adjust vt. 조절하다
- deadline n. 마감시한
- bloody adj. 피 튀기는, 잔인한
- cheating n. (시험) 부정행위
- inedible [inédəbl] adj. 먹을 수 없는
- distribute [distríbju:t] vt. 분배하다
- The English Patient(1996) 안소니 밍겔라감독, 랄프 파인즈, 줄리엣 비노쉬 주연의 제2차 세계대전을 배경으로 한 영화
- periodical [piəriádikəl] n. 정기 간행물

꼭 알아야 할 어원

freedom [frí:dəm] 0226	*n.* 자유(liberty) *adj./n. + dom = n.*	
	wisdom 지혜; kingdom 왕국	
awful [ɔ́:fəl] 0227	*adj.* ① 두려운 ② 끔찍한, 최악의 *n. + ful = adj.*	
	helpful 도움이 되는; thoughtful 사려 깊은; harmful 해로운	
darkness [dá:rknis] 0228	*n.* 어둠 *adj. + ness = n.*	
	happiness 행복; kindness 친절; weakness 연약	
audience [ɔ́:diəns] 0229	*n.* 청중, 관객 *aud = hear*	
	audition *n.* 공개시험; audible *adj.* 들을 수 있는; auditorium *n.* 강당	
impatient [impéiʃənt] 0230	*adj.* 조급한, 안달하는 *in/im = not*	
	impossible *adj.* 불가능한; inexpensive *adj.* 비싸지 않은; invisible *adj.* 보이지 않는	
antiwar [æ̀ntiwɔ́:r] 0231	*adj.* 반전의 *ant(i) = opposite*	
	antisocial *adj.* 반사회적인; the Antarctic *n.* 남극(↔the Arctic)	
betrayal [bitréiəl] 0232	*n.* 배신, 배반 *v. + al = n.*	
	arrival 도착; survival 생존; approval 승인; removal 제거	
capability [kèipəbíləti] 0233	*n.* 능력, 수완 *adj. + ity = n.*	
	ability 능력; legality 적합, 합법	
childhood [tʃáildhùd] 0234	*n.* 어린 시절 *hood = state*	
	neighborhood *n.* 이웃 (공간); brotherhood *n.* 형제애	
counterattack [káuntərətæ̀k] 0235	*n./v.* 역공(하다) *counter = opposite*	
	counterpart *n.* 상대(역); counterblow *n.* 맞받아치기	
downgrade [dáungrèid] 0236	*n./vt.* 하향(하다) *down = below*	
	downstairs *adv.* 아래층으로; downtown *n.* 도심	
glasses [glǽsiz] 0237	*n.* (유리잔→)안경 *pl.– 의미변화*	
	spectacles (광경→) 안경; contents (내용→) 목차, 내용물; customs (관습→) 세관	
immigrant [ímigrənt] 0238	*n.* 이민자 *v. + ant/or/ist/(i)an = person*	
	assistant *n.* 보조, 조수; scientist *n.* 과학자; musician *n.* 음악가	
harmless [há:rmlis] 0239	*adj.* 무해한 *n. + less = opposite adj.*	
	careless 부주의한; homeless 집 없는; endless 끝 없는	
memorize [méməràiz] 0240	*vt.* 암기하다 *n. / adj. + ize = v.*	
	realize 깨닫다; legalize 합법화하다; summarize 요약하다	

Day 10

0226 You should fight for your political **freedom**.

0227 His performance was totally **awful**. We could not stand his music.

0228 There was total **darkness** during the blackout* in the city.

0229 The **audience** applauded thunderously* and demanded an 'encore'*.

0230 He was too **impatient** and could not wait for another minute.

0231 The young students wanted to participate in* the **antiwar** protest.

0232 The police officer could not tolerate* the **betrayal** from his partner.

0233 Everyone underestimated his **capability**.

0234 She had a very happy and rich **childhood**.

0235 The army launched a **counterattack** against the invaders.

0236 Her financial status* was **downgraded** two levels when she missed several payments.

0237 He broke his **glasses** while playing basketball.

0238 There were many **immigrants** during the last century.

0239 The gas smells bad, but it is **harmless** to your body.

0240 We have to **memorize** vocabulary in order to improve our test scores.

misplace [mispléis] 0241	vt. 잘못 놓다 (mislay)　`mis = wrong` misfortune n. 불운; mistake n./v. 실수(하다); misuse n./v. 오용(하다)
ominous [ámənəs] 0242	adj. 불길한　`n. + ous = adj.` numerous 수많은; notorious 악명 높은
overuse [òuvərjúːz] 0243	n./v. 남용(하다)　`over = excessive` overweight adj. 과체중의, 비만의
protection [prətékʃən] 0244	n. 보호　`v. + tion = n.` attention 주목; admiration 칭찬, 찬사
recycle [riːsáikl] 0245	n./v. 재활용(하다)　`re = again` reuse n./vt. 재사용(하다); rebound vi. 튕겨 나오다; remake vt. 다시 만들다
treatment [tríːtmənt] 0246	n. 취급, 치료　`v. + ment = n.` movement 운동; improvement 개선, 발전; achievement 성과, 업적
unknown [ʌnnóun] 0247	adj. 알려지지 않은　`un = not` unkind adj. 친절하지 않은; untrue adj. 진실이 아닌; unusual adj. 일반적이지 않은
upstairs [ʌ̀pstɛ́ərz] 0248	adv. 위층으로　`up = above` upgrade n./v. 상향(하다); upside n. 위쪽; update n./vt. 갱신(하다)
visible [vízəbl] 0249	adj. 보이는, 가시적인　`v. + i/able = adj.` notable adj. 주목할만한; admirable adj. 칭찬할만한; convertible adj. 바꿀 수 있는 n. 오픈카
broaden [brɔ́ːdn] 0250	vt. 넓히다, 확장하다 (widen)　`adj. + en = v.` hasten vi. 서두르다; sharpen vt. 날카롭게 하다; shorten vt. 줄이다; strengthen vt. 강화하다

0226 당신의 정치적 자유를 위해 싸워야 한다. 0227 그의 공연은 최악이었다. 우리는 그의 음악을 참을 수가 없었다. 0228 정전으로 그 도시가 암흑천지였다. 0229 청중들은 우레와 같은 박수를 치며 앙코르를 요구했다. 0230 그는 너무나 조급해서 더 이상 기다릴 수 없었다. 0231 어린 학생들이 반전시위에 참여하길 원했다. 0232 그 경찰관은 동료의 배신을 더 이상 묵과할 수 없었다. 0233 모두가 그의 능력을 과소평가했다. 0234 그녀는 매우 행복하고 부유한 어린 시절을 보냈다. 0235 군이 침략자에 대해 역공을 가했다. 0236 그녀가 몇 차례 상환을 못하자 재정등급이 두 단계 하향됐다. 0237 그는 농구를 하다가 안경을 깼다. 0238 지난 세기 많은 이민자들이 있었다. 0239 그 가스는 냄새가 고약하지만 인체에는 무해하다. 0240 시험점수를 올리기 위해서는 어휘를 암기해야 한다. 0241 그는 늘 열쇠를 잘못 놓아 그것을 찾느라 애를 먹곤 한다. 0242 많은 문화(나라)에서 까마귀는 불길한 징조로 받아들여진다. 0243 네가 사랑이란 말을 남발한다고 생각하진 않니? 0244 몇몇 귀빈들은 많은 보호가 필요하다. 0245 자원의 낭비를 막기 위해 재활용해야 한다. 0246 그녀는 인근 병원에서 치료를 받았다. 0247 그 놀라운 이야기는 누구에게도 알려지지 않았다. 0248 윗층에는 아무도 없다. 0249 그 샛노란 배는 밤에도 보였다. 0250 네 글을 효과적으로 줄이거나 늘리는 법을 배워야 한다.

0241 He always **misplaces** his keys and has difficulty finding them.

0242 The crow* is regarded as an **ominous** sign in many cultures.

0243 Don't you think you **overuse** the word, 'love'?

0244 Some VIPs* need a lot of **protection**.

0245 We have to **recycle**, not waste, our natural resources.

0246 She received **treatment** at a nearby clinic.

0247 The remarkable story was **unknown** to everyone.

0248 There's no one **upstairs**.

0249 The glowing* yellow boat was **visible** at night.

0250 You need learn how to narrow or **broaden** your articles effectively.

- **blackout** n. 정전
- **applaud thunderously** 우레와 같이 박수치다
- **encore** [áŋkɔːr] n. 재청
- **participate in** ~에 참가하다 (take part in)
- **tolerate** [tάləreit] vt. 묵인하다
- **financial status** 재정상태, 재정등급
- **crow** n. 까마귀
- **VIP** 귀빈, 요인 (Very Important Person)
- **glowing** adj. 작열하는, 선명한

Pop Quiz (10)

1. audience — C 청중
2. impatient — F 조급한
3. betrayal — I 배신
4. counterattack — E 역공
5. downgrade — H 하향(하다)
6. immigrant — A 이민자
7. harmless — G 무해한
8. misplace — B 잘못 두다
9. treatment — D 치료
10. broaden — J 넓히다

Practice Test (2)

다음 문장에서 강조된 단어와 의미가 가장 가까운 것을 고르시오.

1 The concert ended abruptly when the singer fainted.
　　ⓐ suddenly　　ⓑ hurriedly　　ⓒ finally　　ⓓ slowly

2 She simply could not answer the question.
　　ⓐ easily　　ⓑ formerly　　ⓒ differently　　ⓓ just

3 He could not go through the narrow passageway.
　　ⓐ not wide　　ⓑ not heavy　　ⓒ not tall　　ⓓ not small

4 He is always thorough and never makes any mistakes.
　　ⓐ complicated　　ⓑ difficult　　ⓒ possible　　ⓓ perfect

5 The couple has totally different characters.
　　ⓐ enough　　ⓑ generally　　ⓒ completely　　ⓓ strangely

6 He wanted to stay single and did not marry anyone.
　　ⓐ not graduated　　ⓑ not married　　ⓒ not recovered　　ⓓ not engaged

7 He did not know his capability until he was given the important task.
　　ⓐ inability　　ⓑ ability　　ⓒ character　　ⓓ personality

8 The suit I bought was inexpensive because it was on sale.
　　ⓐ elegant　　ⓑ dear　　ⓒ reasonable　　ⓓ comfortable

9 They were forced to move to a slightly smaller office to reduce the cost.
　　ⓐ a few　　ⓑ much　　ⓒ a little　　ⓓ greatly

10 Give me liberty or give me death. - *Patrick Henry*
　　ⓐ security　　ⓑ safety　　ⓒ happiness　　ⓓ freedom

listen, hear

listen [lisn]

vi. ① (주의하여) 듣다
  Listen carefully and answer the questions.

② (~to) ~에 귀 기울이다
  Listen to me. She enjoys listening to classical music.

③ ~하는 데 귀 기울이다 (원형부정사, -ing)
  Sometimes, I don't want to listen to anybody talk, though I am usually willing to listen.
  ☞ listening *n.* 청취, 귀 기울임; listening comprehension 청해력

hear [hiər] heard-heard

vt. ① ~소리가 들리다
  Can you hear a radio / a car / me?

② ~을 듣다
  If you listen carefully, you can hear the sound.
  (잘 귀를 기울이면, 그 소리가 들릴거야.)

③ ~하는 것을 듣다 (원형부정사, -ing)
  I heard them talking about me.
  ☞ hearing *n.* 청력; be hard of hearing 청력에 문제가 있다

phr. v.   hear from ~의 소식을 듣다
  hear (A) about / of B B와 관련해서 (A를) 듣다

PART **B** | Day 11 - Day 20

정치

demonstrate [démənstrèit] 0251	*v.* ① 입증하다 (show) ② 시위하다 (protest) demonstrate against ~에 반대시위를 하다　파 demonstration *n.* 입증, 시위
elect [ilékt] 0252	*vt.* (선거로) 선출하다　*adj.* 당선된(직책 뒤에 붙음) the president-elect 대통령 당선자　파 election *n.* 선거
politics [pάlətìks] 0253	*n.* ① 정치 ② 정치학 (political science) 파 political *adj.* 정치(학)의
constitution [kὰnstətjú:ʃən] 0254	*n.* ① 헌법 ② 구성, 체계 a written constitution 성문 헌법　파 constitute *v.* 구성하다
control [kəntróul] 0255	*n./vt.* 통제(하다) quality control 품질관리
democracy [dimάkrəsi] 0256	*n.* 민주주의, 민주국가 파 democratic *adj.* 민주적인
justice [dʒʌ́stis] 0257	*n.* 정의, 공정 (fairness) with justice 공정하게　파 just *adj.* 공정한(↔ unjust)
law [lɔ:] 0258	*n.* 법, 규정 (rule) law and justice 법과 정의; by law 법에 따라　파 lawful *adj.* 합법의
legal [lí:gəl] 0259	*adj.* ① 법적인(↔ illegal) ② 합법의 the legal system 법률 제도　파 legally *adv.* 법적으로
peace [pi:s] 0260	*n.* 평화 war and peace 전쟁과 평화　파 peaceful *adj.* 평화로운
policy [pάləsi] 0261	*n.* 정책, 방침 foreign policy 대외 정책
administration [ædmìnəstréiʃən] 0262	*n.* 행정(부), 관리 business administration 경영　파 administrative *adj.* 행정의, 관리의
amendment [əméndmənt] 0263	*n.* 개정, 수정 (change) a constitutional amendment 헌법 개정　파 amend *vt.* 개정하다
cabinet [kǽbinit] 0264	*n.* ① 각료 ② 장식장 form a cabinet 각료를 인선하다
candidate [kǽndidèit] 0265	*n.* 후보자, 지원자

Day 11

0251 He wanted to **demonstrate** his strength by lifting heavy materials.

0252 A very young man was **elected** in the general <u>election</u>*.

0253 Quite a few people in the country complain that **politics** is very boring.

0254 The **constitution** states that all men are created equal.

0255 He won the remote **control** car tournament for three years in a row*.

0256 Do you believe in true **democracy**?

0257 **Justice** will eventually prevail*.

0258 The new traffic **law** is expected to reduce fatal* accidents.

0259 **Legal** procedures* are very complicated.

0260 It is everyone's dream to live in **peace** and harmony.
You gave me **peace** in a lifetime of war. - *Troy*

0261 ① It is our **policy** to please our customers.
② Honesty is the best **policy**.

0262 The **administration** building is the big red brick house at the end of the road.

0263 **Amendments** are made to improve the existing laws.

0264 Financial documents are placed in the blue **cabinet**.

0265 Three **candidates** chose to run for mayor.

committee [kəmíti] 0266	*n.* 위원회 set up / establish a committee 위원회를 조직하다
compromise [kámprəmàiz] 0267	*n./vi.* 타협(하다) make a compromise 타협하다　uncompromising *adj.* 단호한
federal [fédərəl] 0268	*adj.* 연방의 the Federal Bureau of Investigation 미연방 수사국 (FBI)
government [gʌ́vərnmənt] 0269	*n.* ① 정부 ② 통치(rule) a federal government 연방정부　govern *v.* 통치하다
majority [mədʒɔ́ːrəti] 0270	*n.* (대)다수 (more than 50%, ↔ minority) major *adj.* 다수의, 주요한 (↔ minor)
national [nǽʃənl] 0271	*adj.* (전)국민의, 국가의 a national holiday 국경일　nation *n.* 국가, 국민
organization [ɔ̀ːrɡənizéiʃən] 0272	*n.* 기구, 조직 World Trade Organization 세계무역기구(WTO)　organize *vt.* 조직하다
parliament [páːrləmənt] 0273	*n.* 의회, 국회(congress, national assembly) convene a parliament 의회를 소집하다　parliamentary *adj.* 의회의
president [prézidənt] 0274	*n.* 대통령, 사장, 장(長) Mr. President 대통령님, 사장님　presidential *adj.* 대통령의, 사장의
vote [vout] 0275	*n./v.* 투표(하다) have a vote 투표하다

0251 그는 무거운 물건들을 들어 올려 자신의 힘을 과시하길 원했다.　0252 매우 젊은 사람이 총선에서 당선되었다.　0253 그 나라의 적지 않은 사람들이 정치가 매우 따분하다고 불평했다.　0254 헌법은 모든 인간이 평등하게 창조되었다고 규정하고 있다.　0255 그는 원격조종자동차대회에서 내리 3년째 우승했다.　0256 진정한 민주주의의 가치를 믿니?　0257 결국 정의가 승리할 것이다.　0258 새 교통법규가 치명적인 사고를 줄일 것으로 예상된다.　0259 법적 절차가 매우 복잡하다.　0260 평화롭고 조화롭게 사는 것은 모두의 꿈이다.　 너는 피로 얼룩진 내 삶에 평화가 되어 주었어. - Troy 중에서　0261 ① 고객들을 기쁘게 하는 게 우리의 방침이다. ② 정직이 최선의 정책이다.　0262 정부청사는 그 도로 끝의 커다란 붉은 벽돌건물이다.　0263 기존법률을 보완하기 위해 수정법률이 제정되었다.　0264 금융관련 서류는 파란색 캐비닛에 들어 있다.　0265 세 명의 후보자가 시장출마에 나섰다.　0266 ① 위원회는 오랜 토론 끝에 합의에 이르렀다. ② 위원회(위원들)이 둘로 나뉘었다.　0267 그는 야당과의 타협을 거부했다.　0268 연방정부는 예산을 50% 증액했다.　0269 민주주의는 국민의, 국민에 의한, 국민을 위한 정부다. - 에이브러햄 링컨　0270 ① 대다수 사람들이 새 법을 지지했다. ② 대다수가 새 법에 반대했다.　0271 국가가 연주되는 동안 청중들이 모두 일어섰다.　0272 이 조직은 가난한 사람들을 돕길 원하는 사람들을 위한 것이다.　0273 의회가 그 새 정책을 승인했다.　0274 결국, 그가 그 나라 최초로 민주적으로 선출된 대통령이 되었다.　0275 위원들의 대부분이 그 법안에 찬성표를 던졌다.

Day 11

0266
① The **committee** has come to an agreement after a long debate*.
② The **committee** were divided into two groups.

0267 He refused to **compromise** with the opposition party.

0268 The **federal** government increased its budget* by 50 percent.

0269 Democracy is the **government** of the people, by the people, and for the people.
– Abraham Lincoln

0270
① The **majority** of the people were in favor of the new law. (was는 틀림)
② The **majority** were/was against the new law.

0271 The audience all stood up during the playing of the **national** anthem*.

0272 This **organization** is for people who want to help the poor.

0273 The **parliament** approved the new policy.

0274 After all, he became the country's first democratically elected **president**.

0275 Most of the committee members **voted** for the bill*.

Pop Quiz (11)

❶ elect • Ⓐ 정책
❷ constitution • Ⓑ 투표(하다)
❸ justice • Ⓒ 연방의
❹ legal • Ⓓ 법적인
❺ policy • Ⓔ 선출하다
❻ compromise • Ⓕ 헌법
❼ federal • Ⓖ 타협(하다)
❽ majority • Ⓗ 정의
❾ organization • Ⓘ 조직
❿ vote • Ⓙ (대)다수

- general election 총선
- in a row 연달아
- prevail [privéil] vi. 우세하다, 이기다
- fatal adj. 치명적인
- procedure [prəsíːdʒər] n. 절차
- debate n./v. 토론(하다)
- budget [bʌ́dʒit] n. 예산
- the national anthem 국가(國歌)
- bill n. 법안

경제

cost [kɔːst] 0276	*n.* 비용(expense) *vt.* (비용) 들(게 하)다 [cost, -ing] the cost of living 생활비
account [əkáunt] 0277	*n.* ①설명 ②계좌 ③회계 *vi.* 설명하다 on account of ~때문에; account for ~을 설명하다(explain)
labor [léibər] 0278	*n.* 노동 *v.* 노동하다 the labor market 노동 시장; the labor force 노동력
property [prápərti] 0289	*n.* 재산 (belongings, possessions) public property 공공 재산(↔private property)
benefit [bénəfit] 0280	*n.* 혜택(advantage, profit) *v.* 혜택을 받다 benefit from ~로부터 도움을 받다
bill [bil] 0281	*n.* ①요금(check) ②법안 *v.* 요금을 청구하다 a phone bill 전화요금; submit a bill 법안을 제출하다
economy [ikánəmi] 0282	*n.* ①경제 ②검소(thrift) economic *adj.* 경제의; economical *adj.* 검소한; economics *n.* 경제학
capital [kǽpitl] 0283	*n.* ①수도 ②자본 *adj.* 대문자의 capital gains 자본 이득; a capital letter 대문자 capitalism *n.* 자본주의
cheap [tʃiːp] 0284	*adj.* 싸구려의(품질도 낮음) *adv.* 싸게(buy, sell, get과 함께) *cf.* inexpensive *adj.* 저렴한(품질은 괜찮음) cheaply *adv.* 싸게
company [kʌ́mpəni] 0285	*n.* ①회사(business) ②교제, 친구 (friend) a public company 공기업; keep company with ~와 어울리다
connect [kənékt] 0286	*vt.* 연결하다(link, unite) connect A to/with B A를 B에 연결하다 connection *n.* 연결, 결탁
credit [krédit] 0287	*n.* 신용, 신뢰 a credit card 신용카드; buy on credit 외상으로 구매하다
curve [kəːrv] 0288	*n.* 곡선 *v.* 곡선을 그리다 a demand/supply curve 수요/공급곡선 *cf.* curb [kəːrb] *v.* 막다
executive [igzékjutiv] 0289	*adj.* 행정의, 집행의 *n.* 행정관, 임원 a Chief Executive Officer 최고경영자(CEO)
export [ikspɔ́ːrt] 0290	*n./v.* 수출(하다)(↔ import) export A to B A를 B에 수출하다

Day 12

0276 Laptop computers **cost** us a lot of money.

0277 He did not have any balance* in his bank **account**.

0278 The **labor** union decided to go on strike*.

0279 No one can enter this private **property** without permission.

0280 The homeless people will **benefit** a lot from the newly built shelter.

0281 He could not pay his phone **bill** because he was broke*.

0282 Korea is one of the most dynamic **economies** in the world.

0283 The **capital** of France is Paris.

0284 ① Where did you get it so **cheap**?
② I could travel abroad comparatively cheaply owing to him.

0285 The **company** commenced* making a profit last December.

0286 He **connected** his MP3 players to his PC.

0287 ① He could not buy her a present because his **credit** card was expired*.
② Pay cash or by **credit** card? Either one will do.

0288 ① The pitcher struck the batter out with three consecutive* **curve** balls.
② The ball **curved** in the air.

0289 The Chief **Executive** Officer's room is located on the seventy-first floor.

0290 Lingua Forum **exports** English books to more than sixty countries.

finance [fáinæns] 0291	*n.* 재정, 금융 a Finance Minister 재무장관 　financial *adj.* 재정의, 금융의
firm [fəːrm] 0292	*n.* 회사(company)　*adj.* 단단한(solid), 확고한(strong) firm evidence 확실한 증거
forecast [fɔ́ːrkæst] 0293	*n./v.* 예측(하다), 전망(하다)(predict) a weather forecast 일기 예보
industry [índəstri] 0294	*n.* ① 산업　② 근면 　industrial *adj.* 산업의; industrious *adj.* 근면한
loan [loun] 0295	*n.* 대부　*v.* 빌려주다(lend) savings and loan 저축과 대부(預貸); ask for a loan 대출을 요구하다
negative [négətiv] 0296	*adj.* 부정적인(↔ positive) in the negative 부정적으로　　negatively *adv.* 부정적으로
operation [àpəréiʃən] 0297	*n.* ① 활동　② 사업(체)　③ 수술 be in operation 작동중이다　　operate *v.* 활동하다, 수술하다
poverty [pávərti] 0298	*n.* 가난, 빈곤(↔ wealth) the vicious poverty cycle 빈곤의 악순환　　poor *adj.* 가난한
rate [reit] 0299	*n.* 비율 exchange rate 환율; at any rate 여하튼
trade [treid] 0300	*n.* 무역　*v.* 무역하다, 거래하다 balance of trade 무역 수지; trade union 노동 조합(labor union)

0276 휴대용 컴퓨터는 (구입하려면) 많은 돈이 든다.　0277 그는 은행계좌에 잔고가 하나도 없다.　0278 노조는 파업에 들어가기로 결정했다.　0279 아무도 허가 없이 이 사유지에 들어갈 수 없다.　0280 노숙자들이 새로 건립된 쉼터에서 많은 도움을 받게 될 것이다.　0281 그는 파산해서 전화요금도 낼 수 없었다.　0282 한국은 세계에서 가장 역동적인 경제(국) 가운데 하나이다.　0283 프랑스의 수도는 파리이다.　0284 ① 어디에서 그것을 그렇게 싸게 샀니? ② 나는 그 덕분에 비교적 싸게 해외여행을 할 수 있었다.　0285 그 회사는 지난 12월부터 이익을 내기 시작했다.　0286 그는 MP3 플레이어를 PC에 연결했다.　0287 ① 그는 신용카드가 정지되어서 그녀에게 선물을 사줄 수가 없었다. ② 현금이나 신용카드 중 어떤 걸로 지불 하시겠습니까? 어느 쪽이든 가능합니다.　0288 ① 그 투수는 3번 연속 커브볼로 그 타자를 삼진 아웃시켰다. ② 그 공이 하늘에서 곡선을 그렸다.　0289 최고 경영자의 방은 71층에 위치해 있다.　0290 링구아포럼은 60여개국에 영어책을 수출한다.　0291 그 은행가는 금융을 전공했다.　0292 그 회사는 3년 전 수출을 시작했다.　0293 일기예보에 따르면, 며칠간 큰 비가 올 예정이다.　0294 컴퓨터 산업이 최근 10년 동안 호황을 보이고 있다.　0295 은행은 그의 대출을 승인했다.　0296 그의 승리를 막은 것은 바로 그의 부정적인 태도였다.　0297 간 이식 수술은 성공이었다.　0298 가난을 막기 위해 보다 나은 사회 안전망이 요구된다.　0299 금리가 오르고 있다.　0300 그 스타플레이어가 다른 팀으로 팔렸다.

Day 12

0291 The banker majored in **finance**.

0292 The **firm** started to export three years ago.

0293 The weather **forecast** predicted heavy rain for the next couple of days.

0294 The computer **industry** has been booming* for the last ten years.

0295 The bank approved his **loan**.

0296 It was his **negative** attitude that prevented him from winning the race.

0297 The liver transplant* **operation** was a success.

0298 A better social security system is required to fight **poverty**.

0299 The interest **rate** is rising.

0300 The star player was **traded** to another team.

- balance *n.* 잔고
- go on strike 파업하다
- be broke 파산하다
- commence *v.* 시작하다
- expire *v.* 유효기간이 만료되다
- consecutive [kənsékjutiv] *adj.* 연속의
- boom *v.* 호황을 보이다
- liver transplant 간이식

Pop Quiz (12)

① cost	•	Ⓐ 회사
② property	•	Ⓑ 무역
③ benefit	•	Ⓒ 가난
④ company	•	Ⓓ 금융
⑤ credit	•	Ⓔ 부정적인
⑥ finance	•	Ⓕ 비용
⑦ industry	•	Ⓖ 혜택
⑧ negative	•	Ⓗ 재산
⑨ poverty	•	Ⓘ 신용
⑩ trade	•	Ⓙ 산업

사회

difference [dífərəns] 0301	*n.* 차이, 다름 ⑪ different *adj.* 다른; differ from ~와 다르다; differ with sb. ~와 의견이 다르다
accuse [əkjúːz] 0302	*vt.* ① 고소하다 ② 비난하다 accuse A of B A를 B 때문에 고소하다 ⑪ accusation *n.* 고소, 비난
change [tʃeindʒ] 0303	*v.* 바꾸다, 변하다 (alter) *n.* ① 변화 ② 잔돈 Keep the change. 잔돈은 가져라.
community [kəmjúːnəti] 0304	*n.* 공동체, 사회 the local community 지역 사회
dedicate [dédikèit] 0305	*vt.* 헌신하다, 전념하다 (devote) dedicate oneself to ~에 전념하다(be dedicated to)
society [səsáiəti] 0306	*n.* ① 사회 ② 학회, 모임 human society 인간 사회; a historical society 역사학회 ⑪ social *adj.* 사회의
violence [váiələns] 0307	*n.* 폭력 domestic violence 가정 폭력 ⑪ violent *adj.* 폭력적인
adaptation [æ̀dəptéiʃən] 0308	*n.* ① 적응 ② 각색 an adaptation of a novel 소설의 각색 ⑪ adapt *vt.* 조절하다 (adjust), 각색하다
agriculture [ǽgrikʌ̀ltʃər] 0309	*n.* 농업 (farming) industry and agriculture 산업과 농업 ⑪ agricultural *adj.* 농업의
angle [æŋgl] 0310	*n.* ① 각도 ② 견해, 관점 (point of view) ⑪ angular *adj.* 모난
circumstance [sə́ːrkəmstæ̀ns] 0311	*n.* (-s) 환경, 상황 (situation) under any circumstances 어떤 상황에서도
clue [kluː] 0312	*n.* 실마리, 단서 (hint, sign)
communicate [kəmjúːnəkèit] 0313	*v.* 의사 소통하다 communicate with ~와 대화하다 ⑪ communication *n.* 의사소통, 대화
contest *n.* [kántest] *v.* [kəntést] 0314	*n./v.* 경쟁(하다), 이의를 제기하다 a beauty contest 미인 대회
cooperate [kouápərèit] 0315	*v.* 협력하다 cooperate with ~와 협력하다 ⑪ cooperation *n.* 협력

Day 13

0301　I was not able to find any **difference** between those identical twins*.

0302　The suspect* was **accused** of murder.

0303　His sudden **change** of personality confused his friends.
　　　Words and ideas can **change** the world.
　　　　– Dead Poets Society

0304　She donated* thousands of educational books to her **community** library.

0305　He **dedicated** his life to rebuilding his country after the war.

0306　We live in a capitalist **society** where we earn as much as we work.

0307　This movie is not suitable for children because it contains a lot of **violence**.

0308　The new **adaptation** of *Hamlet* was highly praised*.

0309　The Ministry of **Agriculture** announced a new plan to help the farmers.

0310　The sum of all **angles** of a triangle is 180 degrees.

0311　In my present **circumstances**, it is not possible to buy a new car.

0312　The mysterious murder was solved with the **clues** left by the victim*.

0313　It is easier to **communicate** since the development of cellular phones.

0314　① She won first prize in a writing **contest**.
　　　② No one **contested** his claim.

0315　We should **cooperate** with firefighters in case of fire emergency.

fuel [fjú(ː)əl] 0316	*n.* 연료 *vt.* 자극하다	
	fossil / nuclear fuel 화석 / 핵연료	
harbor [háːrbər] 0317	*n.* 항구(port)	
	tie up in the harbor (배가) 항구에 정박하다	
host [houst] 0318	*n.* 주인 *vt.* 주최/주관하다	
	play host to ~을 주최하다 hostess *n.* 안주인	
native [néitiv] 0319	*adj./n.* ① 토착의, 원주민(의) ② 타고난(innate)	
	a native speaker 원어민; native ability 타고난 재능	
orientation [ɔ̀ːriəntéiʃən] 0320	*n.* ① 적응 ② 방향 ③ 진로 지도	
	lose one's orientation 방향(성)을 잃다 orient *vt.* 적응시키다	
personal [pə́ːrsənl] 0321	*adj.* 개인의	
	cf. personnel *n.* 직원들 person *n.* 사람 (복수일 경우 persons보다 people이 일반적)	
principle [prínsəpl] 0322	*n.* 원리, 원칙	
	in principle 원칙 / 이론적으로(in theory ↔ in practice)	
rank [ræŋk] 0323	*n./vt.* ① 계급, 등급(을 매기다) ② 열	
	the front rank of ~의 앞 열	
responsibility [rispɑ̀nsəbíləti] 0324	*n.* 책임, 의무(duty)	
	be responsible for ~을 책임지다 responsible *adj.* 책임 있는	
restrict [ristríkt] 0325	*vt.* 제한하다, 규제하다(limit)	
	a restricted area 제한 구역 restriction *n.* 규제, 제한	

0301 저 일란성 쌍둥이에게서 어떤 차이점도 발견할 수 없었다. 0302 그 용의자는 살인혐의를 받았다. 0303 그의 갑작스런 성격변화로 친구들이 어리둥절해 했다. 말과 생각이 세상을 바꿀 수 있다. – Dead Poets Society 중에서 0304 그녀는 지역 도서관에 수천 권의 교육관련 서적을 기부했다. 0305 그는 조국의 전후 복구에 평생을 바쳤다. 0306 우리는 일한 만큼 버는 자본주의 사회에 살고 있다. 0307 이 영화는 어린이용으로 적합하지 못하다. 많은 폭력을 담고 있기 때문이다. 0308 햄릿의 새로운 각색이 극찬을 받았다. 0309 농업부장관이 농민지원을 위한 새 계획을 발표했다. 0310 삼각형의 세 각의 합은 180도이다. 0311 내 현 상황에서는 새 차를 구입할 수 없다. 0312 희생자가 남긴 단서로 미궁의 살인사건이 해결되었다. 0313 이동전화의 발전으로 의사소통이 보다 수월해졌다. 0314 ① 그녀가 백일장에서 장원을 했다. ② 아무도 그의 주장에 토를 달지 못했다. 0315 화재시에는 소방관들에게 협조해야 한다 0316 주유소에서 그 차에 기름을 가득 채웠다. 0317 진주만은 제2차 세계대전 중에 일본군의 공격을 받았다. 0318 그 관대한 남자가 노숙자들에게 점심식사를 제공했다. 0319 그는 한국어 원어민이지만 4개 국어를 유창하게 한다. 0320 그는 늦게 등록했기 때문에 도입과정에 참석할 수 없었다. 0321 그는 직업적으로 성공했지만 개인생활은 불행했다. 0322 남들을 가르치기 위해서는 올바른 원칙을 가져야 한다. 0323 그 장교의 계급은 대위이다. 0324 올바른 사람에게 투표하는 것이 내 의무다. 0325 이 지역은 일반인 출입이 통제된다.

0316	The car was fully **fueled** at the gas station.
0317	Pearl **Harbor** was attacked by the Japanese during the Second World War.
0318	The generous* man **hosted** a luncheon party for the homeless.
0319	His **native** language is Korean, but he speaks four languages fluently.
0320	He could not attend the **orientation** course because he registered late.
0321	Even though he succeeded professionally, his **personal** life was a disaster.
0322	One must have a righteous **principle** in order to teach others.
0323	That officer's **rank** is captain.
0324	It is my **responsibility** to vote for the right person.
0325	This area is **restricted** to the public.

Pop Quiz (13)

1. difference
2. dedicate
3. violence
4. angle
5. cooperate
6. fuel
7. host
8. native
9. personal
10. responsibility

A. 개인의
B. 협력하다
C. 책임
D. 차이
E. 토착의
F. 주인
G. 폭력
H. 각도
I. 연료
J. 헌신하다

- **identical twins** 일란성 쌍둥이
- **suspect** *n.* 용의자
- **donate** *vt.* 기부하다
- **praise** [preiz] *vt.* 칭찬하다
- **victim** *n.* 희생자
- **generous** *adj.* 관대한

문화와 역사

ancestor [ǽnsestər] 0326	*n.* 선조, 조상(forefather ↔ descendant) a direct ancestor 직계 조상
generation [dʒènəréiʃən] 0327	*n.* ① 세대 ② 시대(age) the generation gap 세대 차이　generate *v.* 낳다, 초래하다
history [hístəri] 0328	*n.* ① 역사 ② (개인의) 경력, 이력 a history class/book 역사 수업/책　historic *adj.* 역사적으로 유명한; historical *adj.* 역사의
independence [ìndipéndəns] 0329	*n.* 독립(↔ dependence) independent *adj.* 독립한　*cf.* depend upon ~에 의존하다
philosophy [filásəfi] 0330	*n.* 철학 a philosophy of life 인생 철학　philosopher *n.* 철학자
ally [əlái] 0331	*vt.* 제휴하다(unite)　*n.* 동맹세력(↔ enemy) be allied with ~와 제휴하다　alliance *n.* 제휴, 동맹
ancient [éinʃənt] 0332	*adj.* 오래된(old), 고대의 ancient history 고대역사
comment [káment] 0333	*n./v.* (개인적)논평(하다), 주석 No comment. 할말 없음; comment on ~에 대해 논평하다
context [kántekst] 0334	*n.* 문맥, 전후관계 out of context 문맥을 벗어나(↔ in context)
culture [kʌ́ltʃər] 0335	*n.* ① 문화 ② 교양 culture shock 문화적 충격　cultural *adj.* 문화적인; cultured *adj.* 교양 있는
famous [féiməs] 0336	*adj.* 유명한(well-known, noted) be famous for ~로 유명하다　fame *n.* 명성; infamous *adj.* 악명 높은(notorious)
foreign [fɔ́ːrin] 0337	*adj.* 외국의(alien ↔ domestic) foreign exchange 외환　foreigner *n.* 외국인
invention [invénʃən] 0338	*n.* 발명(품)(creation) invention and discovery 발명과 발견　invent *v.* 발명하다
issue [íʃuː] 0339	*n.* ① 발행(물) ② 쟁점(point)　*vt.* 발행하다 a political issue 정치적 쟁점
literature [lítərətʃər] 0340	*n.* ① 문학 ② 논문 literary *adj.* 문학의; literate *adj.* 읽고 쓸 줄 아는(↔ illiterate)

Day 14

0326 We are a great nation* with great **ancestors**.

0327 We have to care more about our environment to provide a better future for the next **generation**.

0328 The <u>historical</u> film features* the <u>historic</u> event, Abraham Lincoln's Gettysburg Address, that we once learned about in our **history** class.

0329 The United States won its **independence** from Britain.

0330 The **philosophy** of Socrates is studied all around the world.

0331 His father was his strongest **ally**.

0332 He is an expert* in **ancient** rituals*.

0333 His negative **comments** were not appreciated* at that time.

0334 You cannot use this word in this **context**.

0335 Korea is a country that has a deep and beautiful **culture**.

0336 This is the most **famous** French restaurant in Seoul.

0337 He was totally lost in the **foreign** country.

0338 I think the greatest **invention** of mankind is the wheel.

0339 This **issue** is not relevant to* our discussion.

0340 Most students find 19th century **literature** to be boring.

patriot [péitriət] 0341	*n.* 애국자	⊞ patriotic *adj.* 애국적인; patriotism *n.* 애국심
pioneer [pàiəníər] 0342	*n.* 개척자 *vt.* 개척하다	pioneering industry 첨단 산업
prejudice [prédʒudis] 0343	*n.* 선입견, 편견(bias)	⊞ prejudiced *adj.* 편견에 사로잡힌(biased)
republic [ripʌ́blik] 0344	*n.* 공화국(↔ monarchy 군주제, 군주국)	the Republic of Korea 대한민국(ROK)
sentence [séntəns] 0345	*n./v.* ① 판결(하다) ② 문장	death sentence 사형 판결; life sentence 종신형
summary [sʌ́məri] 0346	*n.* 요약	in summary 간단히(in brief) ⊞ summarize *v.* 요약하다
tradition [trədíʃən] 0347	*n.* 전통, 관습(custom)	culture and traditions 문화와 전통 ⊞ traditional *adj.* 전통의
union [júːnjən] 0348	*n.* 결합(combination), 동맹	in union 공동으로; the Union Jack 영국 국기
voluntary [váləntèri] 0349	*adj.* 자발적인(free, willing)	on a voluntary basis 자발적(인 기준)으로 ⊞ voluntarily *adv.* 자발적으로
voyage [vɔ́iidʒ] 0350	*n./v.* 항해(하다), 여행(journey)	go on a voyage 항해하다

0326 우리는 위대한 조상을 가진 위대한 민족이다. 0327 다음 세대에게 더 나은 미래를 남겨주기 위해 환경에 좀 더 신경써야 한다. 0328 그 사극은 과거 역사시간에 배웠던 에이브러햄 링컨의 게티스버그 연설이라는 역사적인 사건을 내용으로 한다. 0329 미국은 1774년 영국으로부터 독립했다. 0330 소크라테스 철학은 전세계에서 학습된다. 0331 아버지가 그의 가장 강력한 지원자였다. 0332 그는 고대제천의식에 관한 전문가이다. 0333 그 당시에는 그의 부정적인 발언들이 인정받지 못했다. 0334 이런 맥락에서 이 단어를 사용할 순 없다. 0335 한국은 깊고 아름다운 문화를 가진 나라이다. 0336 이곳은 서울에서 가장 유명한 프랑스식당이다. 0337 그는 외국에서 완전히 길을 잃어버렸다. 0338 나는 인류 최대의 발명품이 바퀴라고 생각한다. 0339 이 문제는 우리 토론과 관련이 없다. 0340 대다수 학생들이 19세기 문학이 따분하다 여긴다. 0341 조국을 사랑하는 사람이 애국자이다. 0342 스티븐 호킹은 자신의 학문분야의 개척자이다. 0343 글로리아 스타이넘은 여성에 대한 널리퍼진 편견에 맞서 싸웠다. 0344 고대 로마는 한때 선출직 공직자들이 통치하는 공화국이었다. 0345 그는 절도죄로 법정에서 6개월형을 선고받았다. 0346 그는 잠이 들었기 때문에 그 영화의 개요를 설명하지 못했다. 0347 많은 사람들은 전통이 우리 (문화)유산의 일부라고 생각한다. 0348 결혼은 두 사람의 결합이다. 0349 그는 자원봉사를 신청했다. 0350 마르코 폴로의 항해는 매우 길었다.

0341　He who loves his country is a **patriot**.

0342　Stephen Hawking is a **pioneer** in his field of study.

0343　Gloria Steinem has been fighting against widespread **prejudice** against women.

0344　Ancient Rome was once a **republic** ruled by elected officials.

0345　He was given a six-month **sentence** for theft.

0346　He could not explain the **summary** of the movie because he fell asleep.

0347　Many people think that **tradition** is a part of our heritage*.

0348　Marriage is a **union** of two people.

0349　He applied for a **voluntary** job.

0350　Marco Polo's **voyage** was very long.

- **nation** *n.* 국가, (the~)국민
  cf. **country** *n.* 국가, 시골
- **feature** [fíːtʃər] *vt.* 특징으로 하다
- **expert** *n.* 전문가
- **ritual** *n.* (제천) 의식
- **appreciate** *vt.* 고맙게 여기다
- **be relevant to** ~와 관련이 있다
- **heritage** [héritidʒ] *n.* (문화) 유산

Pop Quiz (14)

1. ancestor
2. independence
3. philosophy
4. context
5. famous
6. literature
7. pioneer
8. republic
9. tradition
10. voyage

A. 철학
B. 공화국
C. 문학
D. 항해
E. 전통
F. 유명한
G. 조상
H. 독립
I. 문맥
J. 개척자

과학

physics [fíziks] 0351	*n.* 물리학	physical *adj.* 물질적인; physicist *n.* 물리학자 *cf.* physician *n.* (약물치료) 의사; doctor *n.* 의사
solution [səlúːʃən] 0352	*n.* ① 해법(answer) ② 용액	solve *vt.* 해결하다
distance [dístəns] 0353	*n.* (먼) 거리	at a distance 어느 정도 떨어져서 distant *adj.* 먼
lecture [léktʃər] 0354	*n./v.* ① 강의(하다) ② 훈계(하다)	give (sb.) a lecture (~에게) 강의 / 훈계하다
presume [prizúːm] 0355	*vt.* 가정하다, 추정하다 (assume)	presume that S V ~라고 가정하다 presumption *n.* 가정
science [sáiəns] 0356	*n.* 과학, 학문	science fiction 공상과학 scientific *adj.* 과학의; scientist *n.* 과학자
system [sístəm] 0357	*n.* ① 체계, 제도 ② 방법, 방식(method)	a social security system 사회 안전망 systematic *adj.* 체계적인
weight [weit] 0358	*n.* 무게	lost / gain weight 체중이 줄다/늘다 weigh *v.* (~의) 무게가 나가다
boil [bɔil] 0359	*v.* 끓다, 끓이다	a boiling point 비등점 boiler *n.* 난방기, 보일러
degree [digríː] 0360	*n.* ① 각도 ② 정도 ③ 학위	doctor's degree 박사학위; by degrees 점차
element [éləmənt] 0361	*n.* ① 원소, 요소 ② 기본	element 1 1번 원소(H, 수소) elementary *adj.* 기초 / 기본의
solid [sálid] 0362	*adj.* 굳은(firm, hard), 고체의(↔ liquid, gaseous)	a solid body 고체 solidity *n.* 굳음
absorb [æbsɔ́ːrb] 0363	*vt.* 흡수하다	be absorbed in ~에 열중하다 absorption *n.* 흡수
atom [ǽtəm] 0364	*n.* 원자	atomic *adj.* 원자의 *cf.* molecule *n.* 분자
bacteria [bæktíəriə] 0365	*n.* 세균들(germs) *sing.* bacterium	bacterial *adj.* 세균의, 박테리아의

Day 15

0351 You also have to excel in mathematics to do well in **physics**.

0352 He came up with a fast **solution** when we were in trouble.

0353 The **distance** between Seoul and Busan is about 500 kilometers.

0354 This professor's **lecture** is always packed*.

0355 The police officer **presumed** that he was guilty, but he was innocent.

0356 **Science** is one of the most logical* subjects.

0357 He rebooted his computer when the operating **system** failed.

0358 The metric system*'s unit for **weight** is 'gram'.

0359 The **boiling** point of water is 100 degrees Celsius.

0360 ① She received her master's **degree** at Harvard.
②He has a second **degree** burn due to the fire.

0361 He has all the necessary **elements** to achieve greatness.

0362 The safe* is made of **solid** titanium and cannot be destroyed.

0363 A sponge **absorbs** water very quickly.

0364 The **atom** used to be the smallest known particle*.

0365 **Bacteria** start to multiply* as the food rots*.

capsule [kǽpsju:l] 0366	*n.* 작은 용기, 캡슐 a space capsule 우주선
cell [sel] 0367	*n.* ① 세포 ② 독방 ③ 전지 a stem cell 줄기세포 cellular *adj.* 세포의; a cellular phone 휴대폰
chemical [kémikəl] 0368	*adj.* 화학의 *n.* 화학 물질 a chemical reaction 화학 반응 chemistry *n.* 화학, 교감
evaporate [ivǽpərèit] 0369	*v.* ① 증발하다 ② 사라지다(disappear) evaporation *n.* 증발; vapor *n.* 증기
gravity [grǽvəti] 0370	*n.* ① 중력 ② 진지함(seriousness) grave *adj.* 진지한, 중대한 *n.* 무덤
liquid [líkwid] 0371	*n./adj.* ① 액체(의) ② 유동성의 Liquid Crystal Display 액정표시장치(LCD) liquidity *n.* 유동성
material [mətíəriəl] 0372	*n.* 물질, 자료 *adj.* 물질의(↔ spiritual) material civilization and capitalism 물질 문명과 자본주의
orbit [ɔ́:rbit] 0373	*n.* 궤도 *v.* 선회하다(circle) in / out of orbit 궤도 상에서 / 궤도를 벗어나서
planet [plǽnit] 0374	*n.* ① 행성 ② (the ~) 지구(globe, earth) planetary *adj.* 행성의
technology [teknάlədʒi] 0375	*n.* 기술 (산업상의) high technology 첨단기술 (high-tech) *cf.* technique *n.* (특정)기술

0351 물리학을 잘하려면 수학도 잘해야 한다. 0352 우리가 어려움에 처했을 때 그가 빠른 해법을 제시했다. 0353 서울-부산 거리는 대략 500킬로미터 정도이다. 0354 이 교수의 강연은 항상 사람들이 넘친다. 0355 그 경관은 그가 유죄라고 추정했지만, 그는 결백했다. 0356 과학은 가장 논리적인 과목들 가운데 하나이다. 0357 그는 운영체계가 가동되지 않자 컴퓨터를 재부팅했다. 0358 미터법에 따른 무게 단위는 '그램'이다. 0359 물의 끓는 점은 섭씨 100도이다. 0360 ①그녀는 하버드에서 석사학위를 받았다. ②그는 화재로 2도화상을 입었다. 0361 그는 위대한 일을 해낼 모든 필요한 요소들을 갖추고 있다. 0362 그 금고는 단단한 티타늄으로 만들어져서 깨지지 않는다. 0363 스폰지는 물을 매우 빨리 흡수한다. 0364 원자는 과거 가장 작은 입자로 알려졌었다. 0365 음식이 부패하면 박테리아가 증식하기 시작한다. 0366 그 타임캡슐은 50년 뒤에 개봉된다. 0367 혈구 운동은 현미경으로 관찰할 수 있다. 0368 그 화학공장은 재정난 때문에 문을 닫았다. 0369 대기가 건조할 때 물은 더욱 빨리 증발한다. 0370 루이 암스트롱이 달 표면에서 떠다녔던 것처럼 우리가 지구에서 떠다닐 수 없는 것은 중력 때문이다. 0371 LCD TV와 모니터가 기존의 구형 모델을 대체하고 있다. 0372 그는 중국에서 원자재를 수입한다. 0373 지구 궤도에는 지구를 도는 수천 개의 인공위성들이 있다. 0374 태양계에는 9개의 행성이 있다. 0375 특히 정보기술분야 주식이 올해 많이 올랐다.

0366 The time **capsule** will be opened fifty years later.

0367 The movement of the blood **cell** can be observed under a microscope*.

0368 The **chemical** plant was shut down due to financial difficulties.

0369 Water **evaporates** more quickly when the atmosphere is dry.

0370 **Gravity** is the reason why we cannot float around like Neil Armstrong did on the moon.

0371 The **liquid** crystal display televisions and monitors are replacing the existing older models.

0372 He imports raw **materials** from China.

0373 There are thousands of artificial satellites that **orbit** the Earth.

0374 There are nine **planets** in the solar system.

0375 In particular, the Information **Technology** stocks increased a lot this year.

---

packed adj. (사람으로) 넘쳐나는
logical adj. 논리적인
the metric system 미터법
safe n. 금고
particle n. 입자
multiply v. 증식하다
rot v. 부패하다
microscope n. 현미경

Pop Quiz (15)

1. solution   · A 화학의
2. distance   · B 체계
3. system   · C 고체의
4. boil   · D 원소
5. element   · E 중력
6. solid   · F 끓이다
7. absorb   · G 해법
8. chemical   · H 증발하다
9. evaporate   · I 거리
10. gravity   · J 흡수하다

Practice Test (3)

다음 문장에서 강조된 단어와 의미가 가장 가까운 것을 고르시오.

1 He tried hard to `demonstrate` that he was innocent.
ⓐ protest ⓑ fight ⓒ show ⓓ refuse

2 Underdeveloped countries usually have lower labor `costs`.
ⓐ expenses ⓑ money ⓒ unions ⓓ problems

3 A man is known by the `company` he keeps.
ⓐ firm ⓑ friend ⓒ business ⓓ enemy

4 She used to be the number 1 `ranked` player in the world.
ⓐ arranged ⓑ reported ⓒ given ⓓ talented

5 What is the difference between `invention` and discovery?
ⓐ work ⓑ operation ⓒ friendship ⓓ creation

6 Whether he did it or not then is not the `issue`.
ⓐ point ⓑ environment ⓒ election ⓓ policy

7 What is the first artificial satellite that `orbited` the Earth?
ⓐ bended ⓑ circled ⓒ leaned ⓓ set

8 You must also understand the `laws` of physics in order to build an airplane.
ⓐ lessons ⓑ lectures ⓒ rules ⓓ experiments

9 He found it difficult to `change` the current situation.
ⓐ understand ⓑ perceive ⓒ alter ⓓ maintain

10 She `dedicated` all her life to the education of poor children.
ⓐ promoted ⓑ wasted ⓒ devoted ⓓ spent

Ultra-basic Words 3

tell, say

tell [tel] told-told

vt. ① ~에게 ~을 말하다
Tell me the truth. (**Tell** the truth to me.)
He **told** us that he could not take part in the campaign.

② ~에게 ~하라고 말하다, 명령하다 (order)
My English teacher **told** us to keep a diary in English.

③ ~을 말하다 (특정 목적어)
tell a joke / a story / a lie

④ 구별하다, 식별하다 (distinguish)
Can you **tell** the difference between a passport* and a visa*?

say [sei] said-said

vt. ① ~을 말하다
I **said** no. (안 된다고 했을 텐데.)
Why did you **say** that / so? (왜 그렇게 말했니?)

② (~to sb.) ~에게 ~을 말하다
She **said** (to me), "I want to drink something hot, rather than ice(d) tea*."
She **told** (me) that she wanted to drink something hot, rather than ice(d) tea.

③ (be said to-inf) ~라고들 한다
Their love story **is said to** be a legend* in the community.

④ 보여주다, 시사하다
I think the motto* **says** everything about them.
　🔁 saying *n.* 속담, 격언; Easier **said** than done. 말보단 실천.

phr. v.　say to oneself 혼잣말하다

---

*passport　*n.* 여권 (해외여행객의 신분증)
*visa　*n.* 사증 (입국 허가증)
*ice tea　얼음 넣은 홍차, 아이스 티　*cf.* iced tea 얼음 넣은 홍차, 얼린 홍차 (드물게)
*legend　*n.* 전설　*cf.* myth　*n.* 신화; fable　*n.* 우화
*motto　*n.* 좌우명　*cf.* slogan　*n.* 표어

학문

predict [pridíkt] 0376	*vt.* 예상하다(foretell) be widely predicted 널리 예상되다 파 prediction *n.* 예상, 예언
accurate [ǽkjurət] 0377	*adj.* 정확한, 정밀한(precise ↔ inaccurate) 파 accurately *adv.* 정확하게
apply [əplái] 0378	*v.* ① 지원하다 ② 적용되다 ③ 바르다 -lied, -ing apply for ~에 지원하다; apply to ~에 적용되다
classify [klǽsəfài] 0379	*vt.* 분류하다 (categorize) -fied, -ing classified-ad 안내 광고 파 classification *n.* 분류
geography [dʒiágrəfi] 0380	*n.* 지리학 a geography book 지리학 책 *cf.* geology *n.* 지질학
range [reindʒ] 0381	*n.* ① 범위 ② 목장 *v.* 분포하다 at a range of ~의 범주 안에서
academic [ækədémik] 0382	*adj.* 학문적인 *n.* 교수, 학자 (scholar) 2006-2007 academic year 2006-2007학년도 파 academy *n.* 학원
automatic [ɔ̀:təmǽtik] 0383	*adj.* 자동의 an automatic device 자동화 기기 파 automation *n.* 자동(화)
available [əvéiləbl] 0384	*adj.* ① 이용할 수 있는, 유효한 ② (사람) 한가한 available energy 유효 에너지 파 availability *n.* 유효성, 유용성
biology [baiáládʒi] 0385	*n.* 생물학 파 biological *adj.* 생물학의; biologist *n.* 생물학자
branch [bræntʃ] 0386	*n.* ① 가지 ② 분파 ③ 지사 an overseas branch 해외 지사
combine [kəmbáin] 0387	*vt.* 결합시키다 (unite) combine A with B A와 B를 결합시키다 파 combination *n.* 결합
current [kə́:rənt] 0388	*n.* 흐름(flow) *adj.* 현재의(present) current affairs 시사 문제들 파 currently *adv.* 현재(에)
definition [dèfəníʃən] 0389	*n.* ① 정의 ② 선명(도) by definition 정의상으로, 당연히 파 define *vt.* 정의하다
desert *n.*[dézərt] *v.*[dizə́:rt] 0390	*vt.* 버리다 *n.* 사막 파 deserted *adj.* 버려진, 텅빈(empty) *cf.* dessert [dizə́:rt] *n.* 디저트

Day 16

0376 I don't agree that a fortuneteller can **predict** the future.

0377 A teller* needs to be very **accurate** with his calculations.

0378 He decided to **apply** for an overseas job.

0379 The military file was **classified** 'Top Secret'.

0380 She knows the history, culture, and **geography** of the country very well.

0381 There is a wide **range** of products in this store.

0382 His **academic** achievement* was perfect.

0383 With the emergence* of computers, many things have become **automatic**.

0384 He was not **available** to pick up the phone*.

0385 He excelled in every class except for **biology**.

0386 The company had more than fifty **branch** offices worldwide.

0387 When you **combine** diligence* with creativity*, you will get success.

0388 ① The **current** was too strong for them to swim.
      ② The **current** temperature is 15 degrees Celsius.

0389 The **definition** of love differs for everyone.

0390 Water is very hard to find in the **desert**.
      ♪ Like the **desert** waiting for the rain, Like a school kid waiting for the spring,
      I'm just sitting here waiting for you. ♪
      – Turn Me On, Norah Jones (Love Actually)

distinct [distíŋkt] 0391	*adj.* 다른(different), 뚜렷한(clear) a distinct difference 확연한 차이 distinction *n.* 구별
essay [ései] 0392	*n.* ① 수필 ② 작문(compisition) write an essay 수필을 쓰다
expand [ikspǽnd] 0393	*v.* 팽창하다, 확대하다 (enlarge) *cf.* extend *vt.* (길이) 늘리다 (stretch) expansion *n.* 팽창
expert [ékspəːrt] 0394	*n.* 전문가 *adj.* 숙련된 a nuclear expert 핵전문가; be expert at ~에 정통하다 expertise *n.* 전문성
explore [ikspló:r] 0395	*v.* 탐험하다, 탐구하다 (investigate) exploration *n.* 탐험, 탐구; explorer *n.* 탐험가
fault [fɔːlt] 0396	*n.* ① 오류, 흠(defect) ② 단층 find fault with 흠을 잡다 faulty *adj.* 오류의
identify [aidéntəfài] 0397	*vt.* ① 식별하다 (recognize) ② 동일시하다 -fied, -ing identification *n.* 식별; identity *n.* 정체성, 동일성; identical *adj.* 동일한
perceive [pərsíːv] 0398	*vt.* 알아차리다, 인식하다 perception *n.* 인식; perceptive *adj.* 인식하는
pharmacy [fáːrməsi] 0399	*n.* ① 약학 ② 약국 a Doctor of Pharmacy 약학박사 pharmacist *n.* (제)약사
psychology [saikálədʒi] 0400	*n.* 심리학 psychological *adj.* 심리학의; psychologist *n.* 심리학자

0376 나는 점쟁이가 미래를 예상할 수 있다는 데 동의하지 않는다. 0377 은행원은 계산에 매우 정확할 필요가 있다. 0378 그는 해외취업에 지원하기로 결정했다. 0379 그 군용문서는 '일급비밀'로 분류되었다. 0380 그녀는 그 나라의 역사와 문화, 지리를 매우 잘 알고 있다. 0381 이 가게에는 다양한 종류의 상품들이 있다. 0382 그의 학문적 성과는 완벽했다. 0383 컴퓨터의 출현으로 많은 것들이 자동화되었다. 0384 그는 전화를 받을 수 있을 정도로 한가하지가 않았다. 0385 그는 생물학을 제외한 모든 수업 / 과목에서 우수했다. 0386 그 대기업은 전세계에서 50여개의 지사를 운영했다. 0387 근면에 창의성을 결합시키면 성공할 것이다. 0388 ① 조류가 너무 빨라서 그들이 수영할 수 없었다. ② 현재 기온은 섭씨 15도이다. 0389 사랑의 정의는 사람에 따라 다르다. 0390 사막에서는 물을 찾기가 매우 어렵다. 비를 기다리는 사막처럼 봄을 기다리는 학생처럼 나는 당신을 기다리면서 여기에 앉아있죠. – 노라 존스의 Turn Me On (Love Actually 중에서) 0391 두 차 사이에는 분명한 차이가 있다. 0392 그의 수필은 학급에서 최고점을 받았다. 0393 로마 제국은 용맹스런 군대로 영토를 확장시킬 수 있었다. 0394 그 군인은 폭발물 분야에서 전문가였다. 0395 ① 그녀의 아이디어는 나중에 연구할 가치가 있다고 생각해. ② 그 모험심 많은 탐험가는 에베레스트산의 모든 봉우리를 정복하고서야 휴식에 들어갔다. 0396 무고한 사람에게 비난이 가해졌다. 0397 우리는 가능한 한 빨리 그 문제를 파악해 해결해야 한다. 0398 그의 성공은 오래 전에 알려졌다. 0399 옆 건물의 약국에서 이 약을 구입하세요. 0400 그는 타인의 생각을 더 잘 이해하기 위해 심리학을 전공했다.

Day 16

0391 There is a **distinct** difference between the two cars.

0392 His literature **essay** received the highest mark in his class.

0393 The Roman Empire was able to **expand** its territory* with a brave army.

0394 The soldier was an **expert** in the field of explosives*.

0395 ① Her idea is worth **exploring** later I think.
② The adventurous explorer was not going to rest until he climbed Mt. Everest.

0396 The **fault** was blamed on an innocent* person.

0397 We must **identify** and resolve the problem as soon as possible.

0398 His success was **perceived** long ago.

0399 You can buy this medicine at the **pharmacy** next door.

0400 He majored in **psychology** to better understand what other people think.

- teller *n.* 은행원
- achievement *n.* 업적, 성과
- emergence [imə́:rdʒəns] *n.* 출현, 등장
- pick up the phone 수화기를 집어들다
- diligence *n.* 근면
- creativity *n.* 창의성
- territory [térətɔ̀:ri] *n.* 영토, 영역
- explosive *n.* 폭발물
- innocent [ínəsənt] *adj.* 결백한

Pop Quiz (16)

① accurate	•	Ⓐ 생물학
② apply	•	Ⓑ 팽창하다
③ range	•	Ⓒ 정의
④ biology	•	Ⓓ 식별하다
⑤ branch	•	Ⓔ 정확한
⑥ definition	•	Ⓕ 전문가
⑦ desert	•	Ⓖ 지원하다
⑧ expand	•	Ⓗ 사막, 버리다
⑨ expert	•	Ⓘ 가지
⑩ identify	•	Ⓙ 범위

수학

point [pɔint] 0401	*n.* ① 점(dot) ② 끝 ③ 핵심 *vt.* 가리키다 point out 지적하다; decimal point 소수점
estimate [éstəmèit] 0402	*n./vt.* 평가 (하다) a written estimate 견적서 ⓟ estimation *n.* 평가
problem [prάbləm] 0403	*n.* ① 문제(difficulty, 힘든 상황) ② 문제(question) have a problem 문제가 있다 *cf.* dilemma *n.* (선택의 기로에 선) 힘든 상황
amount [əmáunt] 0404	*n.* 양(↔ number) *v.* 해당되다 amount to ~에 해당되다
count [kaunt] 0405	*n.* 계산, 셈 *v.* ① 세다 ② 의지하다 count on ~에 의지하다 (rely on) ⓟ countable *adj.* 셀 수 있는
examination [igzæmənéiʃən] 0406	*n.* ① 시험(exam) ② 조사 the entrance examination 입학시험 ⓟ examine *vt.* 시험보다, 조사하다
mathematics [mæθəmǽtiks] 0407	*n.* 수학(math) ⓟ mathematical *adj.* 수학의; a mathematical formula 수학공식
measure [méʒər] 0408	*n./vt.* 측정(하다)(assess), 계량법 take measures 조치를 취하다 ⓟ measurement *n.* 측량, 치수
score [skɔːr] 0409	*n.* 점수, 득점, 20 *v.* 득점하다 by a score of 2 to 1 2대1의 점수로; scores of ~다수의
average [ǽvəridʒ] 0410	*n./adj.* 평균(의) *v.* 평균을 내다 on average 평균적으로, 보통(usually, as a rule)
blank [blæŋk] 0411	*n./adj.* 공백(의), 빈칸 (의) in a/the blank 빈칸에
circle [sə́ːrkl] 0412	*n./v.* ① 원(을 그리다) ② 순환 (하다) the vicious circle of poverty 빈곤의 악순환 ⓟ circular *adj.* 원의
cube [kjuːb] 0413	*n.* 정육면체, 입방체 a sugar cube 각설탕 ⓟ cubic(al) *adj.* 입방체의, 3제곱의
diameter [daiǽmətər] 0414	*n.* 지름 a semi-diameter 반지름
divide [diváid] 0415	*v.* 나누다(split, separate) divide A into B A를 B로 나누다 ⓟ division *n.* 나누기

Day 17

0401　① The stock went up five **points** yesterday.
　　　② He defeated her by seven **points**.

0402　His **estimate** was correct.

0403　This **problem** can be solved if you read the questions carefully.

0404　His debt **amounted** to twenty million won.

0405　The merchant* **counts** his money every night before he goes home.

0406　He studied very hard in order to take the **examination**.

0407　She hated* **mathematics** because she was not good at calculations.

0408　The father **measured** the height of his youngest son every week.

0409　① The final **score** was 1 : 1.
　　　② The soccer player **scored** two goals in the final ten minutes.

0410　His grade point **average** started to go down when he bought the Playstation.

0411　Police officers are required to fire **blank** shots* as a warning.

0412　There are five colorful* **circles** in the Olympic logo.

0413　① The heavy drinker inserted two ice **cubes** into his glass of whiskey.
　　　② The **cube** of 5 is 125.

0414　They discovered a cave that seemed to be 3 meters in **diameter**.

0415　The Soviet Union was **divided** into lots of nations at the end of the 20th century.

double [dʌbl] 0416	*adj.* 두 배의(twice) *v.* 두 배로 늘리다 a double bed 2인용 침대; <u>double the</u> price 두 배 가격 (어순 유의)
education [èdʒukéiʃən] 0417	*n.* 교육(teaching) physical education 체육 🔗 educate *v.* 교육하다; educational *adj.* 교육의
figure [fígjər] 0418	*n.* 숫자(digit), 형태 *v.* 계산하다 figure out 계산하다, 이해하다
grade [greid] 0419	*n./v.* 등급, 점수(를 매기다) Grade Point Average 평균성적(GPA)
multiple [mʌ́ltipl] 0420	*adj.* 복합적인, 배수의, 다수의 a multiple choice test 다지선다형 문제 🔗 multiply *v.* 곱하다, 증가하다
percent [pərsént] 0421	*n.* 백분율, 비율(percentage, ratio) increase by 10 percent 10% 증가하다 (보통 숫자와)
radius [réidiəs] 0422	*n.* ① 반지름(semi-diameter) ② 범위(range) *pl.* radii radius of action 행동반경
rectangle [réktæŋgl] 0423	*n.* 직사각형 *cf.* triangle *n.* 삼각형; quadrangle *n.* 사각형 🔗 rectangular *adj.* 직사각형의
sphere [sfiər] 0424	*n.* ① 구(ball, globe) ② 영역, 분야(field) *cf.* hemisphere 반구; Northern / Southern Hemisphere 북 / 남반구
square [skwɛər] 0425	*n.* ① 정사각형 ② 광장 ③ 제곱 *adj.* 정사각형의, 공평한 100 square miles 100평방 마일; fair and square 정정당당하게

0401 ① 주식이 어제 5포인트 올랐다. ② 그가 7점차로 그녀를 물리쳤다. 0402 그의 평가는 정확했다. 0403 질문들을 주의 깊게 읽으면 이 문제를 풀 수 있다. 0404 그의 빚이 2천만원이나 됐다. 0405 그 상인은 귀가 전에 매일 밤 돈을 센다. 0406 그는 시험을 치르기 위해 매우 열심히 공부했다. 0407 그녀는 계산을 잘 하지 못했기 때문에 수학을 싫어했다. 0408 그 아버지는 매주 막내 아들의 키를 쟀다. 0409 ① 최종 점수는 일대일이었다. ② 그 축구선수가 종료 10분을 남겨 놓고 두 골을 넣었다. 0410 그가 플레이스테이션을 산 이후로 평균 성적이 떨어지기 시작했다. 0411 경찰은 경고 차원에서 공포탄을 쏘도록 되어 있다. 0412 올림픽로고에는 다섯 개의 다채로운 원들이 있다. 0413 ① 그 술꾼은 자신의 위스키에 두 개의 각얼음을 넣었다. ② 5의 세제곱은 125이다. 0414 그들은 지름이 3미터쯤 되어 보이는 동굴을 발견했다. 0415 소련은 20세기가 끝날 무렵에 많은 나라로 분할되었다. 0416 그는 현명한 투자를 통해 돈을 두 배로 불렸다. 0417  나는 교육의 목적이 스스로 생각하는 법을 배우는 것이라고 생각했다. – Dead Poets Society 중에서 0418 ① 저 수치가 무엇을 나타내는가? ② 그는 그 문제를 즉시 파악했다. 0419 너는 몇 학년이니? 0420 시험은 25개의 다지선다형 문제들로 구성되었다. 0421 주말까지 이 상품은 30% 할인된다. 0422 한 원의 반지름은 지름의 절반이다. 0423 직사각형은 네 개의 각이 있는데 그것들의 합계는 360도이다. 0424 완벽한 구체를 만들려면, 매우 정확하게 해야 한다. 0425 정사각형의 네 변은 모두 길이가 같다.

Day 17

0416　He **doubled** his money by investing* wisely.

0417　　I thought the purpose of **education** was to learn to think for yourself.
　　　– Dead Poets Society

0418　① What does that **figure** represent?
　　　② He **figured** out the problem instantly.

0419　What **grade** are you in?

0420　The test was made up of* 25 **multiple** choice questions.

0421　There is a thirty **percent** discount on this item until the end of the week.

0422　The **radius** of a circle is half the diameter of it.

0423　A **rectangle** has four angles which add up to 360 degrees.

0424　In order to make a perfect **sphere**, you have to be very precise*.

0425　All four sides* are of equal length in a **square**.

Pop Quiz (17)

1. point　　　　·　　　Ⓐ 배수의
2. amount　　·　　　Ⓑ 빈칸
3. measure　·　　　Ⓒ 점, 끝
4. average　　·　　　Ⓓ 정육면체
5. blank　　　·　　　Ⓔ 양
6. cube　　　　·　　　Ⓕ 평균
7. divide　　　·　　　Ⓖ 나누다
8. figure　　　·　　　Ⓗ 숫자
9. multiple　·　　　Ⓘ 측정(하다)
10. radius　　·　　　Ⓙ 반지름

□ **merchant** [mə́ːrtʃənt]　*n.* 상인
□ **hate**　*v.* 혐오하다
□ **blank shot**　공포탄
□ **colorful**　*adj.* 다채로운
□ **invest**　*v.* 투자하다
□ **be made up of**　~로 구성되다
□ **precise**　*adj.* 정확한, 정밀한
□ **side**　*n.* 변

스포츠

balance [bǽləns] 0426	*n.* 균형 *v.* 균형을 잡다 keep/lose one's balance 균형을 유지하다/잃다
height [hait] 0427	*n.* ① 높이, 키 ② 높은 곳, 정상 high *adj.* 높은; heighten *v.* 높이다
match [mætʃ] 0428	*n.* ① 시합(game) ② 상대 ③ 성냥 *vt.* 어울리다 meet one's match 호적수를 만나다; a box of matches 성냥 한 통
sign [sain] 0429	*n.* ① 신호(signal) ② 기호 *v.* 서명하다, 신호하다 sign language 수화 signature *n.* 서명
aid [eid] 0430	*n.* 원조(assistance) *v.* 돕다 first aid 응급처치 aide [eid] *n.* 도우미
athlete [ǽθli:t] 0431	*n.* 운동선수(주로, 육상선수) athlete's foot 무좀 athletic *adj.* 운동의; athletics *n.* 운동경기
auditorium [ɔ̀:ditɔ́:riəm] 0432	*n.* 강당(hall) *pl.* auditoriums, auditoria a huge auditorium 거대한 강당
award [əwɔ́:rd] 0433	*n.* 상(증서, 메달, 심사위원의 검토로) *v.* 상을 주다 an Academy Award 아카데미상 *cf.* reward *n.* 보상, 대가
backpack [bǽkpæ̀k] 0434	*n.* 배낭(rucksack) go backpacking 배낭여행을 하다
coach [koutʃ] 0435	*n.* 감독(trainer) *v.* 훈련시키다(train) a national soccer team coach 축구 국가대표팀 감독
coexist [kòuigzíst] 0436	*v.* 공존하다 coexist with ~와 공존하다 coexistence *n.* 공존
official [əfíʃəl] 0437	*adj.* 공식적인 / 공인된 *n.* 공무원, 관리 an official record 공식기록 officially *adv.* 공식적으로
image [ímidʒ] 0438	*n.* ① 모습, 상(像) ② 관념, 이미지 a mirror image 거울에 비친 모습, 판박이
muscular [mʌ́skjulər] 0439	*adj.* 근육질의 a muscular body 근육질 몸매 muscle *n.* 근육
Olympic [əlímpik] 0440	*adj.* 올림픽의 Olympics *n.* (the~)올림픽 (the Olympic Games)

Day 18

0426　We need to have a **balanced** diet in order to stay healthy.

0427　We will measure your **height**. Please take off* your shoes.

0428　① The **match** between the two rivals ended in a draw.
　　　② He used the long **matches** to light the birthday candles*.

0429　The president **signed** the peace treaty*.

0430　Neighboring countries started to send **aid** for disaster relief*.

0431　The **athlete** ran as fast as he could and won the race.

0432　Students were entering the **auditorium** to watch the school play.

0433　The winner was **awarded** the gold medal.

0434　His **backpack** looks very heavy.

0435　The **coach** jumped for joy when his team finally won.

0436　People are learning how to **coexist** in peace.

0437　You need to consult our **official** guide book.

0438　The politician's public **image** had been perfect before he was charged with drunk driving*.

0439　The **muscular** man helped her move the heavy boxes.

0440　The summer **Olympic** Games are held every four years.

prize [praiz] 0441	*n.* 상 (보통 시합 등 경쟁에서, trophy) win a prize 우승하다; the Nobel Prize for Physics 노벨물리학상
professional [prəféʃənəl] 0442	*adj.* 전문적인, 직업의(↔amateur) *n.* 직업 선수 ⨁ professionally *adv.* 전문적으로
register [rédʒistər] 0443	*v.* 등록하다 *n.* 등록 명부, 등록기 a cash register 현금 출납기; register a car 차를 등록하다 ⨁ registration *n.* 등록
shape [ʃeip] 0444	*n.* 형태, 외양 *v.* 형태를 만들다 a body shape 체형
spectator [spektéitər] 0445	*n.* 관중, 목격자 a spectator sport 관중 스포츠
stretch [stretʃ] 0446	*v.* 늘이다, 내뻗다 *n.* 늘이기 stretch out (팔, 다리를) 쭉 뻗다, 기지개를 켜다 ⨁ stretching *n.* 스트레칭
uniform [júːnəfɔ̀ːrm] 0447	*n.* 단체복, 운동복 *adj.* 똑같은, 균일한 in uniform 제복 차림으로
defeat [difíːt] 0448	*vt.* (상대를) 물리치다 (beat) *n.* 패배 defeat the enemy 적을 물리치다
compete [kəmpíːt] 0449	*v.* 경쟁하다 ⨁ competition *n.* 경쟁; competitive *adj.* 경쟁하는, 경쟁력 있는
stadium [stéidiəm] 0450	*n.* 경기장 a main stadium 주경기장 *cf.* gymnasium 체육관 (gym)

0426 건강을 유지하기 위해 균형있는 식사를 해야 한다. 0427 신장을 잴 테니 신발을 벗어주세요. 0428 ① 두 호적수의 시합은 동점으로 끝났다. ② 그는 긴 성냥을 이용해 생일기념 양초에 불을 붙였다. 0429 대통령이 평화협정에 서명했다. 0430 주변나라들이 재난구호물품을 보내기 시작했다. 0431 그 선수는 전속력으로 달려서 우승했다. 0432 교내연극을 관람하기 위해 학생들이 강당으로 들어가고 있었다. 0433 우승자에게 금메달이 수여됐다. 0434 그의 배낭이 매우 무거워 보였다. 0435 팀이 마침내 우승하자 감독은 뛸 듯이 기뻐했다. 0436 사람들은 평화롭게 공존하는 법을 배우고 있다. 0437 우리의 공식 안내 책자를 참고해야 한다. 0438 그 정치인의 대중적 이미지는 음주운전 혐의를 받기 전까지는 완벽했다. 0439 그 근육질의 남자가 그녀가 무거운 상자들을 옮기는 것을 도와주었다. 0440 하계올림픽은 4년마다 열린다. 0441 대상은 최고의 수필을 쓴 사람에게 돌아갔다. 0442 전문가처럼 그는 마감시한을 절대로 어기지 않았다. 0443 나는 내일 헬스클럽에 등록할 계획이다. 0444 물은 다양한 형태를 취할 수 있다. 0445 양팀 선수들이 등장하자 관중들이 크게 환호했다. 0446 이 운동을 하기 전에 스트레칭을 해야 한다. 0447 우리팀은 이번 경기에서 붉은 색 운동복을 입고 있다. 0448 그들의 용감한 군대가 적을 물리쳤다. 0449 그는 모든 면에서 늘 친구들과 경쟁하려고 한다. 0450 수만명의 사람들이 주경기장에 모여들었다.

Day 18

0441 The grand **prize** went to the person who wrote the best essay.

0442 Like a **professional**, he never missed a deadline*.

0443 I am going to **register** at a health club tomorrow.

0444 Water can take many **shapes**.

0445 The **spectators** cheered loudly when the two teams appeared.

0446 You have to **stretch** your muscles before playing this sport.

0447 The home team is wearing the red **uniform** in this match.

0448 Their brave army **defeated** the enemy.

0449 He always tends to **compete** with his friends for everything.

0450 Tens of thousands of people assembled in the main **stadium**.

- **take off** 벗다, 이륙하다
- **candle** *n.* 양초
- **treaty** *n.* 협정, 조약
- **relief** *n.* 구호
- **drunk driving** 음주운전
- **deadline** *n.* 마감 시한

Pop Quiz (18)

1. balance • Ⓐ 관중
2. match • Ⓑ 근육질의
3. athlete • Ⓒ 경기
4. coexist • Ⓓ 균형
5. official • Ⓔ 공존하다
6. muscular • Ⓕ 물리치다
7. prize • Ⓖ 상
8. register • Ⓗ 등록하다
9. spectator • Ⓘ 운동선수
10. defeat • Ⓙ 공식적인

일상 생활 -I

answer [ǽnsər] 0451	*n./v.* 대답(하다)	
	give an answer 답하다; answer for ~에 책임을 지다	
downtown [dáuntàun] 0452	*n./adj./adv.* 도심(의 / 으로, ↔ uptown)	
	downtown Seoul 서울의 도심	
thunder [θʌ́ndər] 0453	*n.* 우레, 천둥 *v.* 천둥 치다	
	thunder and lightning 천둥과 번개 *cf.* lightening *adj./n.* 빛나는/점화	
area [ɛ́əriə] 0454	*n.* 지역(region), 범위, 넓이	
	an area code (전화) 지역 번호; a disaster area 재난 지역	
frost [frɔːst] 0455	*n.* 서리	
	frost and snow 서리와 눈	
minute *n.*[mínit] *adj.*[mainúːt] 0456	*n.* 분, 순간 *adj.* 미세한, 자세한	
	Wait a minute. 잠깐 기다려; minute particles 미세한 입자들	
second [sékənd] 0457	*n.* 초 *adj./n.* 두 번째(의)	
	for a few seconds 잠깐 동안; second hand 중고의	
transport *n.*[trǽnspɔ̀ːrt] 0458	*n.* 교통(transportation), 운송 *vt.* 운송하다 [trænspɔ́ːrt]	
	public transport(ation) 대중교통	
blame [bleim] 0459	*vt.* 탓하다, 비난하다	
	be blamed for (~잘못의) 책임이 있다 (be responsible for)	
bottle [bɑtl] 0460	*n.* 병	
	a bottle of water 물 한병	
card [kɑːrd] 0461	*n.* ① 카드 ② 방책	
	a credit card 신용카드; a hidden card 비장의 무기	
cash [kæʃ] 0462	*n.* 현금 *v.* 현금으로 바꾸다	
	in cash 현금으로; cash a check 수표를 현금으로 바꾸다	
congratulation [kəngrætʃuléiʃən] 0463	*n.* (-s)축하	
	Congratulations on your graduation! 졸업을 축하해! ㉠congratulate *vt.* 축하하다	
consult [kənsʌ́lt] 0464	*v.* (전문가와) 협의하다, 상의하다	
	consult (with) a doctor 진찰받다 ㉠consulting *n.* 협의	
contact [kάntækt] 0465	*n./v.* 접촉 (하다), 연락(하다)	
	be in contact with ~와 접촉하다(be in touch with)	

Day 19

0451 He could not **answer** the questions because he was not paying attention.

0452 We should go **downtown** to do some shopping*.

0453 She could not sleep because the **thunder** was too loud.

0454 The **area** of a rectangle can be calculated* by multiplying its width* by its height.

0455 Look at the **frost** on my window! It must be very cold outside.

0456 There are sixty seconds in a **minute**.

0457 ① He finished **second** in the marathon.
② Can you just wait for ten **seconds**?

0458 He took a public **transport** to go to the main stadium.

0459 ① The elder brother was always **blaming** his kid brother.
② I think you are to **blame** for all the problems.

0460 He drank more than six **bottles** of beer.

0461 She carries many **cards** in her wallet*.

0462 She uses her credit card instead of **cash**.

0463 She sent a **congratulation** card to her colleague* when he was promoted.

0464 The patient **consulted** numerous doctors.

0465 If you want to **contact** me, please call this number.

conversation [kɑ̀nvərséiʃən] 0466	*n.* 대화 have a conversation with ~와 대화하다	파 conversational *adj.* 대화의
cook [kuk] 0467	*n.* 요리사(chef) *vt.* 요리하다 파 cooker *n.* 조리용 기구	
diet [dáiət] 0468	*n.* 식단, (체중조절을 위한) 식이요법 *adj.* 칼로리가 적은 go on a diet 다이어트하다	
digestion [daidʒéstʃən] 0469	*n.* 소화, 흡수(absorption) 파 digest *v.* 소화하다	
disease [dizíːz] 0470	*n.* 질병(illness, 보통 박테리아나 감염에 의한 사람, 동식물의) have an eye disease 눈병에 걸리다	
family [fǽməli] 0471	*n.* 가족 a family unit 가족단위; family name 성(姓, surname)	
fever [fíːvər] 0472	*n.* 열(temperature) have a high fever 고열이 나다 파 feverish *adj.* 열이 나는	
fix [fiks] 0473	*v.* ①수리하다 ②붙이다 ③(일정) 정하다 *n.* 수리 a quick fix 임시처방 파 fixed *adj.* 고정된, 정해진	
fluent [flúːənt] 0474	*adj.* 유창한 (smooth, flowing) be fluent in English 영어에 유창하다 파 fluently *adv.* 유창하게	
freeze [friːz] 0475	*v.* ①얼(리)다 ②꼼짝 않다 [froze-frozen, -zing] Freeze! 꼼짝 마! 파 freezing *adj.* 어는, 몹시 추운	

0451 그는 주목하지 않고 있었기 때문에 그 질문에 대답할 수 없었다. 0452 우리가 쇼핑을 하기 위해서는 도심으로 가야 한다. 0453 천둥소리가 너무 커서 그녀는 잠을 잘 수 없었다. 0454 직사각형의 넓이는 길이와 높이의 곱으로 구한다. 0455 창문에 낀 서리 좀 봐! 밖이 매우 추운 것 같다. 0456 1분은 60초이다. 0457 ①그는 마라톤에서 2등을 했다. ②10초만 기다려줄래? 0458 그는 주경기장으로 가기 위해 대중교통을 이용했다. 0459 ①그 형은 항상 어린 동생을 꾸짖는다. ②그 모든 문제는 네 탓이라고 생각한다. 0460 그는 맥주를 여섯 병 이상 마셨다. 0461 그녀는 지갑에 많은 카드를 가지고 다닌다. 0462 그녀는 현금 대신 신용카드를 이용한다. 0463 그녀는 승진한 동료에게 축하카드를 보냈다. 0464 그 환자는 수많은 의사들과 상담을 했다. 0465 저랑 연락하시려면 이 번호로 전화주세요. 0466 나는 그녀와 흥미로운 대화를 나눴다. 0467 요리가 맛이 없을지 모르나 나는 요리하는 걸 좋아한다. 0468 모든 종류의 미네랄이 건강식단에 필요하다. 0469 나는 소화에 문제가 있을 때마다 이 약을 먹는다. 0470 많은 의사들이 질병 치료를 위해 연구를 하고 있다. 0471 내 가족은 내가 어렸을 때 많이 이사 다녔다. 0472 열이 매우 높으니 병원에 가라. 0473 그 정비공은 그녀의 자동차를 매우 빨리 고쳤다. 0474 그는 5개국어에 능통하다. 0475 ①물은 섭씨 0도에서 언다. ②그 경찰관은 용의자에게 꼼짝말라고 외쳤다.

Day 19

0466 I had a very interesting **conversation** with her.

0467 I love to **cook**, even though the food may not be good.

0468 All kinds of minerals are needed for a healthy **diet**.

0469 I take this medicine whenever I have a problem with **digestion**.

0470 Many doctors are doing research in order to cure **diseases**.

0471 My **family** moved around a lot when I was young.

0472 You have a very high **fever** and should go to the hospital.

0473 The mechanic* **fixed** her car very quickly.

0474 He is **fluent** in five languages.

0475 ① Water **freezes** at 0 degree Celsius.
② The police officer told the suspect* to **freeze**.

- **do shopping** 쇼핑하다
- **calculate** v. 계산하다
- **width** n. 폭, 너비
- **wallet** n. 지갑
- **colleague** [kɔ́liːg] n. 동료
- **mechanic** [məkǽnik] n. 자동차 정비공
- **suspect** n. 용의자

Pop Quiz (19)

① downtown •	Ⓐ 고치다
② frost •	Ⓑ 협의하다
③ transport •	Ⓒ 소화
④ blame •	Ⓓ 유창한
⑤ cash •	Ⓔ 도심
⑥ consult •	Ⓕ 요리사
⑦ cook •	Ⓖ 서리
⑧ digestion •	Ⓗ 교통
⑨ fix •	Ⓘ 현금
⑩ fluent •	Ⓙ 비난하다

일상 생활 - II

heart [hɑːrt] 0476	*n.* 심장, 마음 a heart attack 심장발작; heart-warming *adj.* 가슴 훈훈한	
idea [aidíːə] 0477	*n.* ① 생각 (thought) ② 계획(plan) have an idea of ~을 알다(know); No idea! 몰라!	
label [léibəl] 0478	*n.* 상표, 꼬리표 *vt.* 라벨을 붙이다 (라벨로 발음하면 안됨)	
assignment [əsáinmənt] 0479	*n.* ① 과제(homework) ② 할당 give an assignment 과제를 주다 assign *vt.* 부과하다, 할당하다	
chill [tʃil] 0480	*n.* 냉기, 오한 *vt.* 오싹하게 하다 chilly *adj.* 쌀쌀한	
column [káləm] 0481	*n.* ① 기둥 ② (신문)난, 칼럼 a column of water 물기둥	
detail [dítéil] 0482	*n.* 세부, 항목 *vt.* 열거하다 in detail 자세히 detailed *adj.* 상세한	
friendship [fréndʃip] 0483	*n.* 우정, 우애(goodwill) friend *n.* 친구; friendly *adj.* 우호적인	
health [helθ] 0484	*n.* 건강(fitness) healthy *adj.* 건강한, 건강에 좋은; healthful *adj.* 건강에 좋은	
holiday [hálədèi] 0485	*n.* 휴일, 휴가 (vacation) go on holiday 휴가 가다 (take a vacation)	
instinct [ínstiŋkt] 0486	*n.* 본능 instinctive *adj.* 본능적인	
language [lǽŋgwidʒ] 0487	*n.* ① 언어 ② 용어 body language 몸동작; literature language 문학용어	
locker [lákər] 0488	*n.* 사물함 (cabinet) a locker room 탈의실 lock *v.* 잠그다 *n.* 자물쇠	
message [mésidʒ] 0489	*n.* 메시지, 전언 a text message 문자메시지	
emotion [imóuʃən] 0490	*n.* 감정, 정서(feeling) reason and emotion 이성과 감정 emotional *adj.* 감정적인	

Day 20

0476　He had to undergo **heart** transplant surgery* last month.
　　　🎵 Near, far, wherever you are, I believe that the **heart** does go on. 🎵
　　　　– My Heart will Go On, Celine Dion (the Titanic)

0477　I think his **idea** is very creative.

0478　Did you **label** the products after wrapping* them?

0479　I could not finish the **assignment** because I was too tired.

0480　You have to **chill** the champagne on ice before you drink it.

0481　① The writer was pleased when the newspaper gave him his own **column**.
　　　② **Columns** are necessary to support the ceiling.

0482　The summary described* the book in **detail**.

0483　① Your **friendship** is one of the most important things in my life.
　　　② Do you agree there can be a true **friendship** between men and women?

0484　We should always be concerned with our **health**.

0485　I would really like to sleep and rest this **holiday**.

0486　His animal-like **instinct** led the detective* to the criminal*.

0487　How many **languages** can you speak?

0488　Everything in my **locker** was stolen.

0489　She left four **messages** today.

0490　She began to cry with **emotion**.

ship [ʃip] 0491	*n.* 배(boat보다 큼) *vt.* 선적하다	
	by ship 배편으로; a shipping company 선적회사	
screen [skriːn] 0492	*n.* ① 휘장, 막 ② 영화	
	a screen saver 화면 보호기	
season [síːzn] 0493	*n.* ① 계절 ② (운동) 시즌 *v.* 양념하다 (spice)	
	the rainy season 장마철, 우기 seasonal *adj.* 계절의	
section [sékʃən] 0494	*n.* 부분 (part), 구획(district)	
	in section 단면으로	
port [pɔːrt] 0495	*n.* 항구 (harbor)	
	a free port 자유항; an airport 공항	
stomach [stʌ́mək] 0496	*n.* 위장, 복부	
	have a stomachache 배가 아프다	
story [stɔ́ːri] 0497	*n.* ① 이야기 ② 소설 ③ 층	
	a love story 연애소설; a five-story building 5층 건물	
temperature [témpərətʃər] 0498	*n.* ① 온도 ② 열(fever)	
	take one's temperature 체온을 재다 (fever는 안씀)	
throat [θrout] 0499	*n.* 목	
	have a sore throat 목이 아프다	
theater [θíːətər] 0500	*n.* 극장	
	go to the theater / cinema 영화 보러 가다	

0476 그는 지난달 심장이식수술을 받아야 했다. 이 근처건 멀리건 당신이 어디 있든, 내 마음 (사랑)은 분명 계속될 거라 믿어요. – My Heart will Go On, Celine Dion (the Titanic 주제곡) 0477 그의 생각이 매우 창의적이라 생각한다. 0478 그 상품 포장한 뒤에 상표 붙였니? 0479 나는 너무 피곤해서 과제를 끝내지 못했다. 0480 샴페인은 마시기 전에 얼음에 재워놓아야 한다. 0481 ① 그 작가는 신문사가 자신에게 칼럼란을 제공해서 기뻤다. ② 천정을 지탱할 기둥이 필요하다. 0482 요약본은 그 책을 자세히 설명했다. 0483 ① 너와의 우정은 내 인생에서 가장 중요한 것들 가운데 하나다. ②남녀간에 진정한 우정이 존재할 수 있다는 데 동의하니? 0484 항상 건강에 유의해야 한다. 0485 이번 휴가에는 정말로 자면서 쉬고 싶다. 0486 그 수사관은 동물 같은 본능으로 범죄자를 잡았다. 0487 너는 몇 개 국어를 할 줄 아니? 0488 내 사물함에 있는 모든 것들을 도둑맞았다. 0489 그녀가 오늘 네 개의 메시지를 남겼다. 0490 그녀는 감정에 복받쳐 울기 시작했다. 0491 그 배는 빙산에 부딪혀 침몰했다. 0492 그는 화면에서 눈을 뗄 수가 없었다. 0493 가을은 그녀가 가장 좋아하는 계절이다. 0494 밑부분이 지워져서 이 기사를 끝까지 읽을 수 없다. 0495 그 유람선이 예정보다 빨리 목적지 항구에 도착했다. 0496 그 날 음식을 먹어서 속이 그다지 좋지 않았다. 0497 그 소설은 해피엔딩으로 끝났다. 0498 바깥 온도가 영하로 내려갔다. 0499 어제밤 콧물이 나고 목이 따끔거렸다. 0500 그 극장에서 얼마나 일했니?

0491 The **ship** sank because it hit an iceberg*.

0492 He could not take his eyes off the **screen**.

0493 Autumn is her favorite **season**.

0494 I cannot finish reading this article because the bottom **section** has been erased.

0495 The cruise ship* arrived at the destination* **port** earlier than expected.

0496 His **stomach** has not felt very good ever since he ate that raw food.

0497 The **story** ended with a happy ending.

0498 The **temperature** outside is below zero.

0499 I had a sore **throat** and a runny nose last night.

0500 How long have you worked in the **theater**?

- surgery [sə́ːrdʒəri] *n.* 수술
- wrap *v.* 싸다, 포장하다
- describe *v.* 묘사하다, 설명하다
- detective *n.* 수사관, 탐정
- criminal *n.* 범죄자
- iceberg *n.* 빙산
- cruise ship 유람선
- destination *n.* 목적지

Pop Quiz (20)

1. idea • A 계절
2. chill • B 언어
3. detail • C 항구
4. instinct • D 생각
5. language • E 감정
6. emotion • F 본능
7. screen • G 냉기
8. season • H 온도
9. port • I 세부항목
10. temperature • J 휘장

Practice Test (4)

다음 문장에서 강조된 단어와 의미가 가장 가까운 것을 고르시오.

1 `On average` the number of working moms increases each month.
　ⓐ Suddenly　　ⓑ No more than　　ⓒ With care　　ⓓ As a rule

2 As the diameter of a `circle` increases, so does its area.
　ⓐ ring　　ⓑ triangle　　ⓒ rectangle　　ⓓ square

3 His English `grades` have gone up a lot ever since he started using Lingua Forum's books.
　ⓐ classes　　ⓑ friends　　ⓒ preference　　ⓓ scores

4 The soccer `match` ended in a no-score draw.
　ⓐ game　　ⓑ player　　ⓒ coach　　ⓓ train

5 How long have you been in `contact` with the professor?
　ⓐ reach　　ⓑ finish　　ⓒ demand　　ⓓ touch

6 All of a sudden, a strange `idea` struck me.
　ⓐ emigration　　ⓑ thought　　ⓒ research　　ⓓ philosophy

7 I usually go to the `theater` on weekends with my girl friend.
　ⓐ performance　　ⓑ protest　　ⓒ department store　　ⓓ cinema

8 At last the team `defeated` its rival and got the winning trophy.
　ⓐ lost　　ⓑ yielded　　ⓒ beat　　ⓓ competed

9 Who can find those `minute` particles?
　ⓐ tiny　　ⓑ 60 seconds　　ⓒ fast　　ⓓ mysterious

10 She is planning to go to France to be a good `cook`.
　ⓐ scholar　　ⓑ designer　　ⓒ chef　　ⓓ soldier

Ultra-basic Words 4

talk, speak

 talk [tɔ:k]

- *vi.* ① 대화하다 (2명 이상이), 이야기를 나누다
  We would often meet and talk on weekends.

  ② (~to sb.) ～에게 말을 걸다, ～와 대화하다 (talk with)
  I would like to talk to that gentleman now.

  ③ (~about) ～에 대해 이야기를 나누다
  They were talking about perfume* and cologne*.

- *n.* ① 대화, 이야기 ② 회담, 강연
  Jack and Jill had a long talk about each other at their first meeting.
  a talk show 토크쇼; a peace talk 평화회담; give a talk 강연하다

- *phr. v.* talk to oneself 혼잣말하다

 speak [spi:k] spoke-spoken

- *vi.* ① (일반적으로) 말하다
  She came into the room when I was speaking.
  They are speaking / talking in French.

  ② (~to sb.) ～에게 말을 걸다, ～와 대화하다 (speak with)
  May I speak to Elisa? (전화)

  ③ (~about) (다수에게) ～에 대해 이야기 / 강연하다
  He is supposed to speak about the damage from hurricane* Katrina.

- *vt.* (특정 언어를) 말하다
  How many languages can you speak?
  ⓜ speech *n.* 연설; make a speech 연설하다

- *phr. v.* speak for ～을 대변하다
  speak to oneself (X)

---

*perfume *n.* 향수 (fragrance)
*cologne *n.* 향수, 화장수 (perfume 보다 농도가 낮음)
*hurricane 폭풍, 허리케인 (북미지역의 열대성 저기압)
   cf. typhoon *n.* 폭풍, 태풍 (동북아시아지역) cyclone *n.* 폭풍, 사이클론 (인도양지역)

PART C | Day21 - Day30

불규칙동사

| feel [fi:l] 0501 | *v.* 느끼다 (touch, sense) `felt, -ing`
 feel like -ing ~하고 싶다 파feeling *n.* 느낌, 감정 |

feel [fi:l] 0501
v. 느끼다 (touch, sense)　`felt, -ing`
feel like -ing ~하고 싶다　파 feeling *n.* 느낌, 감정

hold [hould] 0502
v. ① 잡다 ② 유지하다 ③ 개최하다　*n.* 잡기　`held, -ing`
hold a meeting 회의를 열다; get hold of 잡다

become [bikʌ́m] 0503
v. ① 되다 ② 어울리다(suit)　`became -become, -ming`
become of 일어나다 (happen to)

build [bild] 0504
vt. 짓다(construct)　`built, -ing`
파 building *n.* 건물

sit [sit] 0505
vi. 앉다　`sat, -·ting`
sit down 앉다; sit up 늦게까지 자지 않다 (stay up)

lend [lend] 0506
vt. 빌려주다　`lent, -ing`
lend sb. sth. ~에게 ~을 빌려주다　*cf.* borrow *vt.* 빌리다, 빌려오다　파 lending *n.* 대출

lie [lai] 0507
vi./n. 거짓말 (하다)　`-d, -lying`　*vi.* 눕다, 놓이다　`lay-lain, lying`
tell a lie 거짓말하다

win [win] 0508
v./n. ① 승리(하다 ↔ lose) ② 얻다(gain)　`won, -·ning`
win a victory 승리하다　파 winner *n.* 승자

bite [bait] 0509
v. 물다　*n.* 물기　`bit -bitten, -ting`
bite-sized 한 입 크기의

burn [bə:rn] 0510
v. 불타다, 태우다　`-t/ed, -ing`
burn a flag 깃발을 불태우다　파 burning *adj.* 불타는 *n.* 소각

dig [dig] 0511
v. (구덩이) 파다　`dug, -·ing`
dig a hole 구덩이를 파다

hang [hæŋ] 0512
v. ① 매달(리)다　`-ed/hung, -ing`　② 교수형에 처하다　`-ed, -ing`
hang oneself 목매달아 죽다

hide [haid] 0513
v. 숨다, 숨기다(conceal)　`hid -hidden, -ding`
hide and seek 숨래잡기　파 hidden *adj.* 숨긴

lay [lei] 0514
vt. 눕히다, 놓다　`laid, -ing`
lay an egg 알을 낳다

ride [raid] 0515
v. 타다　`rode -ridden, -ding`
ride (on) a horse / a bike 말 / 자전거를 타다

Day 21

0501 She could not **feel** her legs after shopping for more than five hours.
 ♪ And then she asks me, "Do you **feel** all right?" And I say, "Yes, I **feel** wonderful tonight." ♪ – Wonderful Tonight, Eric Clapton

0502 The diver can **hold** his breath underwater* for more than three minutes.

0503 ① The young scholar wants to **become** a judge.
② What has **become** of her?
③ The shirt **becomes** you very well.

0504 The architect* **built** many famous buildings.

0505 Please **sit** down in any available seat as soon as possible.

0506 ① I will **lend** you a hand.
② Can you **lend** me some money?

0507 ① An honest person never **lies**.
② She **lay** happily, dreaming of a wonderful date with a cool guy.

0508 In order to **win**, you have to practice harder.

0509 The bulldog **bit** the rabbit.

0510 Nero **burnt** Rome in order to recite* a poem.

0511 France and England **dug** an underwater tunnel that linked the two countries.

0512 The prisoner of war* **hanged** himself during the night.

0513 The pirate* **hid** the treasure in a remote island.

0514 The mother **laid** her baby on the bed with care.
 ♪ Like a bridge over troubled water, I will **lay** me down. ♪
 – Bridge over Troubled Water, Simon & Garfunkel

0515 She **rode** the bicycle last night.

seek [si:k] 0516	*vt.* 찾다, 추구하다 (look for) [sought, -ing] seek the truth 진리를 추구하다; hide-and-seek 숨바꼭질	
shake [ʃeik] 0517	*v.* 흔들(리)다 *n.* 흔들기 [shook -shaken, -king] shake one's head (고개를 좌우로 흔들어) 부정하다 (↔ nod one's head)	
shine [ʃain] 0518	*v.* 빛나다, 닦다 *n.* 빛남 [shone, -ning] shine one's shoes 구두를 닦다	
sing [siŋ] 0519	*v.* 노래하다 [sang-sung, -ing] sing a song 노래를 부르다 ▣ singer *n.* 가수	
sink [siŋk] 0520	*v.* 가라앉다 *n.* 개수대 [sank-sunk, -ing] a kitchen sink 싱크대 ▣ sunken *adj.* 침몰된(수식만)	
spend [spend] 0521	*vt.* 쓰다, 소비하다 [spent, -ing] spend money on ~에 돈을 쓰다; spend time-ing ~에 시간을 쓰다 ▣ spending *n.* 지출	
steal [sti:l] 0522	*vt.* 훔치다 [stole-stolen, -ing] steal A from B B에게서 A를 훔치다 *cf.* rob A of B A에게서 B를 빼았다	
swim [swim] 0523	*v./n.* 수영(하다) [swam-swum, -·ming] a swimming pool 수영장; go for a swim 수영하러 가다 ▣ swimming *n.* 수영	
throw [θrou] 0524	*vt.* 던지다 *n.* 던지기 [threw-thrown, -ing] at a stone's throw 돌 던지면 닿을 거리에	
wake [weik] 0525	*v.* 깨(우)다 (waken) [woke-woken, -king] Wake up! 일어나! ▣ awake *adj./v.* 깨어 있는 / 깨다	

0501 그녀는 다섯 시간여를 쇼핑한 후에 다리에 감각을 느낄 수 없었다. ♪ 그리고 나서 그녀가 내게 물었죠, "기분 좋으세요?"라고. 그래서 대답했죠, "예, 최고로 좋습니다."라고 ♪ – 에릭 클립튼의 Wonderful Tonight 중에서 0502 그 다이버는 물 속에서 3분 이상 숨을 참을 수 있다. 0503 ① 그 젊은 학자는 판사가 되길 원한다. ② 그녀에게 무슨 일이 일어났니? ③ 그 셔츠가 네게 매우 잘 어울린다. 0504 그 건축가는 많은 유명한 건물들을 지었다. 0505 가능한 한 빨리 빈 자리에 앉으세요. 0506 ① 제가 도와드리겠습니다. ② 돈 좀 빌려 줄 수 있니? 0507 ① 정직한 사람은 결코 거짓말하지 않는다. ② 그녀는 근사한 남자와 멋진 데이트를 꿈꾸면 행복하게 누워 있었다. 0508 이기기 위해서는 더욱 열심히 연습해야 한다. 0509 그 불독이 토끼를 물었다. 0510 네로 황제가 시에서 인용하기 위해 로마를 불태웠다. 0511 프랑스와 영국은 두 나라를 연결하는 해저터널을 뚫었다. 0512 그 전쟁포로가 그 날 밤 목매달아 죽었다. 0513 그 해적이 보물을 외딴 섬에 숨겼다. 0514 그 엄마는 아기를 침대에 조심스럽게 눕혔다. ♪ 험한 세상의 다리처럼 내가 (누워) 다리가 되어 드릴께요. ♪ – 사이먼 앤 가펑클의 Bridge over Troubled Water 중에서 0515 그녀는 어젯밤 자전거를 탔다. 0516 그들은 사막에서 물을 찾아 나섰지만 찾지 못했다. 0517 지진으로 그 건물이 흔들렸다. 0518 보름달이 하늘에서 밝게 빛나고 있었다. 0519 그들이 많은 사람들 앞에서 캐롤을 불렀다. 0520 그 전함이 수많은 어뢰공격을 받은 뒤 침몰했다. 0521 그녀는 쇼핑하는 데 돈을 다 써버렸다. 0522 그 은행강도가 1만 달러 이상을 훔쳤다. 0523 프로 수영선수들이 대한해협을 헤엄쳤다. 0524 범인들은 체포될 당시 무기를 던져버렸다. 0525 오늘 아침 자명종 소리에 잠이 깼다.

0516	They **sought** water in the desert but they were unsuccessful.
0517	The earthquake **shook** the building.
0518	The full moon was **shining** brightly in the sky.
0519	They **sang** the carols in front of a large crowd.
0520	The battleship **sank** after being attacked by numerous torpedoes*.
0521	She **spent** all her money shopping.
0522	The bank robbers **stole** more than ten thousand dollars.
0523	Professional swimmers **swam** across the Strait of Korea*.
0524	The criminals **threw** away their weapons when they were captured.
0525	The alarm clock **woke** me up this morning.

Pop Quiz (21)

1. feel • A 태우다
2. lend • B 숨기다
3. bite • C 추구하다
4. burn • D 물다
5. hang • E 눕히다
6. hide • F 쓰다
7. lay • G 빌려주다
8. seek • H 매달다
9. sink • I 느끼다
10. spend • J 가라앉다

- **underwater** *adv.* 물 속에서
- **architect** [áːrkətèkt] *n.* 건축가
- **recite** *vt.* 암송하다, 다시 인용하다
- **prisoner of war** 전쟁포로 (POW)
- **pirate** [páiərət] *n.* 해적
- **torpedo** [tɔːrpíːdou] *n.* 어뢰
- **the Strait of Korea** 대한해협

혼동되는 자동사와 타동사

explain [ikspléin] 0526	*vt.* 설명하다 (answer for) explain (to sb.) sth./that (~에게) ~을 설명하다　➡ explanation *n.* 설명
announce [ənáuns] 0527	*vt.* 발표하다, 선언하다(declare) announce (to sb.) sth./that (~에게) ~을 발표하다　➡ announcement *n.* 선언, 발표
argue [á:rgju:] 0528	*vt.* 논쟁하다, 말다툼하다 argue with sb. ~와 논쟁하다　➡ argument *n.* 논쟁
confess [kənfés] 0529	*v.* 인정하다, 고백하다 confess to N/-ing (~죄를) 인정하다 (admit)　➡ confession *n.* 자백
discuss [diskʌ́s] 0530	*vt.* 논의하다, 토론하다(talk about) discuss ~(with sb.) (~와) ~을 논의하다　➡ discussion *n.* 논의, 토론
mention [ménʃən] 0531	*vt.* 언급하다, 말하다(refer to) Don't mention it. 천만에요; mention ~(to sb.) (~에게) ~라 말하다
object [ábdʒikt] 0532	*vi.* 반대하다　*n.* 목적(어), 대상 object to ~에 반대하다　➡ objection *n.* 반대
attend [əténd] 0533	*vt.* 참석하다　*vi.* 주목하다, 돌보다 pay attention to ~에 주목하다　➡ attendance *n.* (~at) 참석; attention *n.* (~to) 주목
compose [kəmpóuz] 0534	*vt.* ① 구성하다 ② 작문하다 ③ 작곡하다 be composed of ~로 구성되다(be made up of)　➡ composition *n.* 구성, 작문
introduce [ìntrədjú:s] 0535	*vt.* 소개하다, 알리다 introduce A to B A를 B에게 소개하다　➡ introduction *n.* 소개
apologize [əpálədʒàiz] 0536	*vi.* 사과하다 apologize to sb. for sth. ~에 대해 ~에게 사과하다　➡ apology *n.* 사과
arrive [əráiv] 0537	*vi.* 도착하다(↔ depart) arrive in/at ~에 도착하다(reach)　➡ arrival *n.* 도착
complain [kəmpléin] 0538	*v.* 불평하다 complain (to sb.) of / about sth. ~에 대해 (~에게) 불평하다　➡ complaint *n.* 불만, 불평
enter [éntər] 0539	*vt.* 들어가다 enter the room 방에 들어가다　➡ entrance *n.* 입구
meet [mi:t] 0540	*vt.* 만나다　[met, -ing] Nice to meet you. 만나서 반갑다　➡ meeting *n.* 만남, 회의

Day 22

0526　The teacher had to **explain** the questions several times before the whole* class could understand them.

0527　The winner of the drawing* will be **announced** via email.

0528　The couple always **argued** in front of other people.

0529　The suspect **confessed** his crime two days later.

0530　We have to **discuss** your future.

0531　I think he **mentioned** something about a bonus this year.

0532　The opposition party **objected** to the new tax bill.

0533　How many people **attended** his funeral*?

0534　Computers are **composed** of numerous components.

0535　Please **introduce** yourself to us.

0536　He came to **apologize** for his mistakes.

0537　The plane **arrived** at the airport on time.

0538　Stop **complaining** and do something productive*.

0539　You must take off your shoes when you **enter** the house in Korea.

0540　How did you guys **meet**?
　　　I've loved you since I **met** you... but I wouldn't allow myself to truly feel it until today. – *If Only*

refer [rifə́ːr] 0541	*vi.* 언급하다 refer to ~에 대해 언급하다 reference *n.* 언급, 참고
marry [mǽri] 0542	*v.* 결혼하다 be / get married to ~와 결혼하다 marriage *n.* 결혼(식)
approach [əpróutʃ] 0543	*vt./n.* 접근(하다) approach the house 그 집으로 접근하다
deliver [dilívər] 0544	*vt.* 전달하다 deliver / make a speech 연설하다 delivery *n.* 전달, 배달
deprive [dipráiv] 0545	*vt.* 빼앗다 (rob) deprive A of B A에게서 B를 빼앗다 deprivation *n.* 박탈
join [dʒɔin] 0546	*vt.* ① 합류하다 ② 결합시키다 join the army 군에 입대하다
raise [reiz] 0547	*vt.* 올리다(lift, increase) raise one's hand 손을 들다
rely [rilái] 0548	*vi.* 의존하다, 믿다 rely on ~에 의존하다(depend on) reliable *adj.* 신뢰 할만한
search [səːrtʃ] 0549	*vt./n.* 검색(하다), 찾다 search engine 검색엔진
touch [tʌtʃ] 0550	*vt./n.* 접촉(하다), 감동시키다 be in touch with ~와 접촉하다; Keep in touch. 연락해라.

0526 그 선생님이 몇 번을 설명하고 나서야 학급 전체 학생들이 그 문제를 이해할 수 있었다. 0527 추첨의 당첨자는 전자우편을 통해 통지됩니다. 0528 그 부부는 항상 다른 사람들 앞에서 말다툼을 했다. 0529 그 용의자는 이틀 뒤에 자신의 범행을 자백했다. 0530 우리는 네 미래(진로)에 대해 이야기해야 한다. 0531 나는 그가 올해 보너스에 대해 뭔가 이야기했다고 생각해. 0532 야당은 새 조세법안에 반대했다. 0533 그의 장례식에 몇 명이 참석했니? 0534 컴퓨터는 수많은 부품들로 구성되어 있다. 0535 우리에게 자신을 소개해 보시오. 0536 그가 자신의 실수에 대해 사과하기 위해 왔다. 0537 비행기가 예정된 시각에 맞춰 공항에 도착했다. 0538 불평 그만하고 생산적인 일을 하자. 0539 한국에서는 집에 들어갈 때 신발을 벗어야 한다. 0540 너희들 어떻게 만났니? 첫눈에 사랑하게 됐지만 이제야 내 감정에 솔직할 수 있게 됐어. – If Only 중에서 0541 그 서한은 새로운 회사정책에 대해 언급하고 있다. 0542 ① 어떻게 그녀에게 결혼해 달라고 해야 할까요? ② 그들은 어제 교회에서 결혼했다. ③ 그녀는 30대 후반에 결혼했다. 0543 두 변호사가 판사에게 다가갔다. 0544 중요한 문서가 빠른 우편으로 정각에 배달되었다. 0545 노예들은 자유를 박탈당했다. 0546 우리 클럽에 가입하려면, 회비를 내야 한다. 0547 말하기 전에 손을 드세요. 0548 나는 어려움에 처할 때 항상 친구들에게 의존한다. 0549 ① 인터넷에서 어떤 것이든 찾을 수 있다. ② 그 미아를 찾기 위한 수색작업이 며칠 동안 계속됐다. 0550 ① 이 모든 예술작품에 손대지 마시오. ② 나는 우리가 함께 했던 그 모든 날들을 그녀가 기억하는 데 감격했다.

Day 22

0541 The letter **refers** to the new company policy.

0542 ① How can I ask her to **marry** me?
② They got **married** yesterday at the church.
③ She **married** in her late thirties.

0543 The two lawyers **approached** the judge.

0544 The important documents were **delivered** on time by express mail*.

0545 Slaves* were **deprived** of freedom.

0546 In order to **join** our club, you must pay a membership fee*.

0547 You have to **raise** your hand before speaking.

0548 I always **rely** on my friends when I am in trouble.

0549 ① You can **search** anything on the Internet.
② The **search** for the missing child went on for several days.

0550 ① Don't **touch** any of these artworks.
② I was **touched** that she remembered all the days we had spent together.

Pop Quiz (22)

1. explain • Ⓐ 접근하다
2. argue • Ⓑ 사과하다
3. mention • Ⓒ 소개하다
4. attend • Ⓓ 말다툼하다
5. introduce • Ⓔ 결혼하다
6. apologize • Ⓕ 올리다
7. complain • Ⓖ 설명하다
8. marry • Ⓗ 참석하다
9. approach • Ⓘ 언급하다
10. raise • Ⓙ 불평하다

- whole adj. 전체의
- drawing n. 추첨
- funeral [fjúːnərəl] n. 장례식
- productive adj. 생산적인
- by express mail 빠른 우편으로
- slave n. 노예
- a membership fee 회비

to부정사를 목적어나 목적보어로 받는 동사

| remember [rimémbər] 0551 | *vt.* 기억하다(recall)
 remember to-inf ~할 것을 기억하다; remember -ing ~했던 것을 기억하다 |

remember [rimémbər] 0551
vt. 기억하다(recall)
remember to-inf ~할 것을 기억하다; remember -ing ~했던 것을 기억하다

forget [fərgét] 0552
vt. 잊다, 까먹다(↔ remember) [forgot -forgotten, -·ting]
forget to-inf ~할 것을 잊다; forget -ing ~했던 것을 잊다 forgetful *adj.* 잊기 쉬운

mean [miːn] 0553
vt. 의미하다 *n.* (-s) 수단 [meant, -ing]
mean to-inf ~할 계획 / 작정이다 meaning *n.* 의미; meaningful *adj.* 의미 있는

want [want] 0554
vt. 원하다 *n.* 부족(lack)
want to-inf ~을 원하다; want sb. to-inf ~가 ~하는 것을 원하다

care [kɛər] 0555
v. 돌보다, 신경 쓰다 *n.* 돌봄, 우려
care to-inf ~하고 싶다; care for ~를 돌보다 careful *adj.* 조심스런

choose [tʃuːz] 0556
vt. 선택하다(select, pick) [chose-chosen, -ing]
choose to-inf ~하길 택하다 choice *n.* 선택

consent [kənsént] 0557
v./n. 동의(하다), 응하다(agree)
consent to N / to-inf ~에 / 하기로 동의하다

attempt [ətémpt] 0558
vt./n. 시도(하다)
attempt to-inf ~을 시도하다 (try to-inf) attempted *adj.* 시도된

pretend [priténd] 0559
vt. 가장하다
pretend to-inf ~인 체 하다 pretending *adj.* 가장하는, 겉치레의

afford [əfɔ́ːrd] 0560
vt. 여력이 있다
can afford to-inf ~할 (경제적) 여력이 있다

aim [eim] 0561
vt. 계획하다 *n.* 목적, 의도(purpose)
aim to-inf / for sth. ~할 계획이다, ~하고 싶다 aimless *adj.* 목적 없는

manage [mǽnidʒ] 0562
vt. ① 관리하다 ② 가까스로 ~하다
manage to-inf 가까스로 ~하다 manager *n.* 관리자; management *n.* 경영, 관리

plan [plæn] 0563
vt./n. 계획(하다)
plan to-inf ~할 계획 / 작정이다; a master plan 청사진

happen [hǽpən] 0564
vi. 발생하다(take place, occur) *vt.* (우연히) ~하다
happen to-inf 우연히 ~하다; happen to sb. ~에게 일어나다 happening *n.* 일, 사건

tend [tend] 0565
vt. 경향이 있다
tend to-inf ~하는 경향이 있다 tendency *n.* 경향

Day 23

0551   Please **remember** to bring an umbrella tomorrow.

0552   I **forgot** to bring my cellular phone this morning.

0553   I did not **mean** to upset you.
        ♪ Because you don't know what it **means** to me. ♪
           – Love of my Life, Queen

0554   He **wants** to travel the world.
        🎬 You make me **want** to be a better man. 🎬
           – As Good as it Gets

0555   She **cared** a lot about the environment and joined "Greenpeace"*.

0556   He **chose** not to go on the ski trip with his friends.

0557   The married couple **consented** to adopt* two children.

0558   The convict* **attempted** to escape several times.

0559   He **pretends** to be something he's not.

0560   He can't **afford** to buy this car.

0561   The first shot was **aimed** to wound the bank robber.

0562   The scientist **managed** to succeed in his experiment.

0563   I **plan** to get married next year.

0564   I **happened** to meet her on my way home.

0565   He **tends** to be very talkative*.

warn [wɔːrn] 0566	*vt.* 경고하다	
	warn sb. to-inf ~하라고 경고하다 warning *n.* 경고	
teach [tiːtʃ] 0567	*vt.* 가르치다 [taught, -ing]	
	teach sb. to-inf ~하라고 가르치다 teaching *n.* 교육	
lead [liːd] 0568	*v.* 이끌다 [led, -ing]	
	lead to-inf ~하도록 이끌다; lead to N ~로 안내하다 leading *adj.* 이끄는, 선두의	
allow [əláu] 0569	*vt.* 허락하다	
	allow sb. to-inf ~하도록 허락하다 allowance *n.* 허락, 용돈	
cause [kɔːz] 0570	*vt.* 야기하다 *n.* ① 원인 ② 명분	
	cause ~to-inf ~하도록 하다; cause and effect 원인과 결과	
force [fɔːrs] 0571	*vt.* 강요하다 *n.* 힘	
	force sb. to-inf ~하도록 강요하다; be forced to-inf ~하지 않을 수 없다	
instruct [instrʌ́kt] 0572	*vt.* 지시하다, 가르치다	
	instruct sb. to-inf ~하도록 지시하다 instructor *n.* 강사	
permit [pərmít] 0573	*vt.* 허용하다(allow)	
	permit (~)to-inf ~하도록 허용하다 permission *n.* 허용	
persuade [pərswéid] 0574	*vt.* 설득하다	
	persuade sb. to-inf ~하도록 설득하다 *cf.* dissuade sb. to-inf ~하지 못하게 설득하다	
invite [inváit] 0575	*vt.* 초대하다	
	invite sb. to-inf ~하도록 초대하다 invitation *n.* 초대(장)	

0551 내일 우산 가져가는 거 잊지 마세요. 0552 오늘 아침 이동전화 가져오는 거 깜박했다. 0553 너를 화나게 할 생각은 아녔어. 그것(사랑)이 내게 무엇을 의미하는 지 네가 모르기 때문이야. – 퀸의 Love of my Life 중에서 0554 그는 세계여행을 하길 원한다. 당신은 내가 더 좋은 사람이 되길 원하게 한단 말이야. – As Good as it Gets 중에서 0555 그녀는 환경에 많은 관심이 있어서 '그린피스'에 가입했다. 0556 그는 친구와 스키여행을 가지 않는 쪽을 택했다. 0557 그 부부는 두 아이를 입양하는 데 동의했다. 0558 그 죄수는 수 차례 탈옥을 시도했다. 0559 그는 자신이 아닌 다른 중요한 사람 흉내를 낸다. 0560 그는 이 차를 살 여력이 없다. 0561 첫 발은 은행 강도를 겨냥한 것이었다. 0562 그 과학자는 가까스로 실험에 성공했다. 0563 나는 내년에 결혼할 계획이다. 0564 집에 가는 길에 우연히 그녀를 만났다. 0565 그는 매우 수다스런 경향이 있다. 0566 의사가 내게 그 수술의 위험성을 알려주었다. 0567 내 아내는 대학에서 생물학을 가르친다. 0568 증거를 토대로 나는 범인들을 체포할 수 있었다. 0569 어머니는 내가 늦게까지 안 자도 된다고 하셨다. 0570 화재경보 때문에 건물 안 사람들이 밖으로 뛰쳐나갔다. 0571 기계적 결함 때문에 그 비행기가 인근 공항에 착륙하지 않을 수 없었다. 0572 아버지께서 낯선 사람과 말하지 말라고 가르치셨다. 0573 그 교사는 그 학생이 일찍 귀가하는 것을 허락하지 않았다. 0574 내 친구는 내게 자신과 미국으로 이민가자고 설득했다. 0575 그 부자가 우리 가족을 자신의 아름다운 목장으로 초대했다.

0566 The doctor **warned** me of the dangers of the operation*.

0567 My wife **teaches** Biology at the university.

0568 The evidence **led** to the arrest* of the criminals.

0569 My mother **allowed** me to stay up as long as I wanted.

0570 The fire alarm **caused** the occupants* to evacuate* the building.

0571 The airplane was **forced** to land at a nearby airport due to mechanical failure.

0572 My father **instructed** me not to talk to strangers.

0573 The teacher did not **permit** the student to go home early.

0574 My friend **persuaded** me to move to America with him.

0575 The wealthy owner **invited** my family to come to his beautiful ranch*.

- Greenpeace 세계적인 환경운동단체
- adopt *vt.* 입양하다
- convict *n.* 죄수
- talkative *adj.* 수다스런
- operation *n.* 수술
- arrest *n.* 체포
- occupant *n.* 점유자
- evacuate *vt.* 비우게 하다, 소거시키다
- ranch *n.* 목장

Pop Quiz (23)

① remember •	Ⓐ 경고하다
② mean •	Ⓑ 계획하다
③ care •	Ⓒ 기억하다
④ attempt •	Ⓓ 허락하다
⑤ pretend •	Ⓔ 의미하다
⑥ plan •	Ⓕ 경향이 있다
⑦ tend •	Ⓖ 시도하다
⑧ warn •	Ⓗ 신경 쓰다
⑨ lead •	Ⓘ 가장하다
⑩ allow •	Ⓙ 이끌다

동명사를 목적어로 받는 동사

admit [ædmít] 0576	*vt.* 인정하다 (allow), 허용하다	
	admit -ing ~을 인정하다　admission *n.* 인정, 허용	
imagine [imǽdʒin] 0577	*vt.* 상상하다	
	imagine -ing ~하는 것을 상상하다　imaginative *adj.* 상상력이 풍부한	
consider [kənsídər] 0578	*vt.* 고려하다 (take into account)	
	considerable *adj.* 상당한; considerate *adj.* 사려 깊은	
deny [dinái] 0579	*vt.* 부정 / 부인하다	
	deny -ing ~을 부인하다　denial *n.* 부인, 부정	
describe [diskráib] 0580	*vt.* 묘사 / 설명하다	
	describe -ing ~하는 것을 묘사하다　description *n.* 묘사, 설명	
dislike [disláik] 0581	*vt.* 싫어하다　*n.* 혐오	
	dislike -ing ~하는 것을 싫어하다	
enjoy [indʒɔ́i] 0582	*vt.* 즐기다	
	enjoy -ing ~하는 것을 즐기다	
practice [prǽktis] 0583	*v./n.* 연습(하다)	
	practice -ing ~하는 것을 연습하다; in practice 실제로(↔ in theory 이론상으로)	
risk [risk] 0584	*vt./n.* 위험(을 감수하다)	
	risk -ing ~할 위험을 감수하다; risk management 위기관리	
finish [fíniʃ] 0585	*vt./n.* 끝(내다, end)　*v.* 끝나다, 끝내다	
	a photo-finish 사진판독	
involve [inválv] 0586	*vt.* 관련시키다, 포함하다	
	involve -ing ~하는 것을 포함한다; be involved in ~와 관련이 있다	
miss [mis] 0587	*vt.* ① 놓치다, 빠뜨리다 ② 그리워하다　*n.* 놓침	
	miss -ing ~하는 것을 놓치다; miss sb. ~를 그리워하다	
postpone [poustpóun] 0588	*vt.* 연기하다 (put off)	
	postpone -ing ~하는 것을 연기하다　*cf.* delay *vt.* 지연시키다; cancel *vt.* 취소하다 (call off)	
quit [kwit] 0589	*v.* ① 중단하다 ② 포기하다 (give up)	
	quit -ing ~하는 것을 중단하다; quit one's job 사직하다	
recall [rikɔ́:l] 0590	*vt./n.* 회고 / 회상 (하다)	
	recall -ing ~했던 것을 회고하다	

Day 24

0576   I had to **admit** my mistakes to the company.

0577   Can you **imagine** yourself living in this mansion*?
🎵 **Imagine** there's no heaven. 🎵
– Imagine, John Lennon

0578   Are you **considering** running for* president?

0579   The suspect **denied** murdering the old man.

0580   The critic **described** the play as the best of the year.

0581   He **disliked** getting up early in the morning.

0582   She **enjoys** taking a light stroll* in the park.

0583   ① He **practiced** driving with his uncle.
② **Practice** makes perfect.

0584   ① He **risked** everything for her.
② He **risks** getting hurt riding the motorcycle that fast.

0585   He **finished** writing the article before the deadline.

0586   Several cars were **involved** in this accident.

0587   I **miss** watching movies with my girlfriend.

0588   He had to **postpone** the meeting because the documents were not ready.

0589   He **quit** smoking.

0590   I do not **recall** cancelling the project.

stop [stɑp] 0591	*v.* 멈추다　*n.* 중지, 정거장	
	stop -ing ~하는 것을 멈추다; stop to-inf ~하기 위해 (걸음이나 동작을) 멈추다	
abandon [əbǽndən] 0592	*vt.* 버리다, 포기하다 (give up ↔ continue)	
	abandon -ing ~하는 것을 포기하다　關 abandonment *n.* 포기	
anticipate [æntísəpèit] 0593	*vt.* 간절히 바라다, 고대하다 (expect)	
	anticipate -ing ~하길 고대하다　關 anticipation *n.* 기대, 예상	
appreciate [əpríːʃièit] 0594	*vt.* 높이 평가하다, 고맙게 여기다	
	appreciate -ing ~한 것을 고맙게 여기다　關 appreciation *n.* 감사	
avoid [əvɔ́id] 0595	*vt.* (회)피하다	
	avoid -ing ~하길 피하다　關 avoidance *n.* 회피	
commence [kəméns] 0596	*vt.* 시작하다 (start)	
	commence -ing ~하길 시작하다　關 commencement *n.* 시작	
delay [diléi] 0597	*vt./n.* (진행중인 상황을) 지연(시키다)	
	delay -ing ~하는 것을 지연시키다　*cf.* postpone *vt.* 연기하다 (사전에 잡힌 일정을)	
evade [ivéid] 0598	*vt.* 회피하다 (avoid)	
	evade -ing ~하는 것을 회피하다　關 evasion *n.* 회피	
mind [maind] 0599	*vt.* 꺼리다　*n.* 마음	
	mind -ing ~하는 것을 꺼리다(object to); make up one's mind to-inf ~하기로 결심하다	
resist [rizíst] 0600	*vt.* 저항하다, 반대하다 (oppose)	
	resist -ing ~에 저항하다　關 resistance *n.* 저항	

0576 회사에 내 실수들을 인정해야 했다. 0577 이 고급주택에 네가 살고 있다고 상상할 수 있겠니? ♪ 천국이 없다고 상상해 봐. ♪ – 존 레논의 Imagine 중에서 0578 대통령 출마를 고려하고 계십니까? 0579 그 용의자가 그 노인 살해를 부인했다. 0580 그 비평가는 그 연극이 올해의 최고작이라고 설명했다. 0581 그는 아침에 일찍 일어나는 것을 싫어했다. 0582 그녀는 공원에서 가볍게 산책하는 것을 즐긴다. 0583 ① 그는 삼촌과 함께 운전 연습을 했다. ② 연습을 통해 완벽해진다. 0584 ① 그는 그녀를 위해 모든 걸 걸었다. ② 그가 그렇게 빨리 오토바이를 탈 때는 부상 위험을 감수한다. 0585 그는 마감시한 전에 논문작성을 끝냈다. 0586 이 사고로 여러 대의 승용차가 부서졌다. 0587 여자친구와 영화보던 게 그립다. 0588 그는 서류가 준비되지 않기 때문에 회의를 연기해야 했다. 0589 그는 담배를 끊었다. 0590 그 프로젝트를 취소한 게 기억나지 않는다. 0591 인터넷 검색 그만하고 일이나 해라. 0592 그녀는 손을 다쳐 피아노 연습을 중단해야 했다. 0593 그 감독은 토너먼트 우승을 기대했다. 0594 제게 시간을 내 주셔서 정말로 감사드립니다. 0595 혼잡시간대에는 고속도로 이용을 피하세요. 0596 그들이 거대한 암벽을 오르기 시작했다. 0597 악천후 때문에 기념식이 연기되었다. 0598 ① 그 연예인은 군 징집을 피하려 했다. ② "사랑이 여전히 나를 피하고 있네요."라고 그 소녀가 탄식했다. 0599 (괜찮으시다면) 헬멧을 벗어주시겠습니까? 0600 축구하는 것을 반대할 수 없었다.

0591 **Stop** surfing the Internet and do your job.

0592 She had to **abandon** learning how to play the piano when she hurt her hand.

0593 The coach **anticipated** winning the tournament.

0594 I really **appreciate** you taking time to see me.

0595 Please **avoid** taking the expressway during rush hour*.

0596 They **commenced** climbing the huge rock.

0597 The ceremony was **delayed** due to bad weather.

0598 ① The entertainer tried to **evade** being drafted* into the military.
② "Love still **evades** me," sighed* the girl.

0599 Would you **mind** removing your helmet?

0600 I could not **resist** playing soccer.

Pop Quiz (24)

①	admit	•	Ⓐ 관여하다
②	deny	•	Ⓑ 회피하다
③	risk	•	Ⓒ 고맙게 여기다
④	involve	•	Ⓓ 인정하다
⑤	postpone	•	Ⓔ 부인하다
⑥	abandon	•	Ⓕ 포기하다
⑦	anticipate	•	Ⓖ 기대하다
⑧	appreciate	•	Ⓗ 시작하다
⑨	avoid	•	Ⓘ 연기하다
⑩	commence	•	Ⓙ 위험을 감수하다

- **mansion** *n.* 고급주택, 대저택
- **run for** ~에 출마하다
- **take a stroll** 산책하다
- **rush hour** 출퇴근 혼잡시간대
- **draft** *v.* 징집하다
- **sigh** *v./n.* 탄식(하다)

진행형이 안되는 동사

believe [bilíːv] 0601	*v.* 믿다, 생각하다 (think) believe in (존재, 가치를) 믿다　belief *n.* 믿음, 신념
understand [ʌ̀ndərstǽnd] 0602	*v.* 이해하다　[understood] Do you understand? 알아 듣겠니? (Is that understood?)　understanding *n.* 이해
prefer [prifə́ːr] 0603	*v.* 좋아하다, 선호하다 prefer A to B A를 B보다 선호하다　preference *n.* 선호; preferable *adj.* 선호하는
suppose [səpóuz] 0604	*v.* 가정하다, 생각하다 be supposed to-inf ~하기로 되어 있다　supposition *n.* 가정, 생각
hate [heit] 0605	*vt./n.* 혐오(하다, detest, loathe) hate mail 협박편지　hatred *n.* 증오
consist [kənsíst] 0606	*vi.* 구성되다 consist of ~로 구성되다; consist in ~에 있다 (lie in)　consistent *adj.* 일관된
contain [kəntéin] 0607	*vt.* ① 포함하다, 담다 (hold, include) ② 억제하다 contain oneself 자제하다　container *n.* 용기
deserve [dizə́ːrv] 0608	*vt.* 가치가 있다 (be worth of) deserve -ing ~될 가치가 있다
desire [dizáiər] 0609	*vt.* 간절히 바라다　*n.* 희망, 욕구 leave nothing to be desired 더할 나위 없이 좋다　desirable *adj.* 바람직한
owe [ou] 0610	*vt.* 빚지다 owing to ~덕분에, 때문에(thanks to, because of)
resemble [rizémbl] 0611	*v.* 닮다 resemblance *n.* 닮음
survive [sərváiv] 0612	*vt.* 살아 남다, ~보다 오래 살다 survival *n.* 생존; the survival of the fittest 적자 생존
belong [bilɔ́(ː)ŋ] 0613	*vi.* 속하다 belong to ~에 속하다, ~의 소유다　belonging *n.* (-s) 소유물, 관계
concern [kənsə́ːrn] 0614	*vt./n.* ① 우려(하다, worry) ② ~에 관계하다 be concerned about / for ~을 우려하다; as far as I'm concerned 나로서는
envy [énvi] 0615	*vt./n.* 질투 (하다), 부러워하다 envy sb./sth. ~이 부럽다　envious *adj.* 부러워하는; be envious of ~을 부러워하다

Day 25

0601
① I cannot **believe** my eyes.
② Do you **believe** in magic?
♪ I **believe** I can fly. I **believe** I can touch the sky. ♪
– I Believe I Can Fly, R. Kelly

0602
♪ Now I **understand** what you tried to say to me. ♪
– Vincent, Don Mclean

0603
The professor **prefers** red wine to white wine.

0604
You can do that, I **suppose**.

0605
I **hate** curry, because I cannot even stand the smell of it.

0606
The gift set **consists** of candies and chocolates.

0607
His wallet **contained** a lot of money.

0608
① He **deserved** to win the bonus prize.
② This book **deserves** reading. (=This book **deserves** to be read.)

0609
She **desired** something she could not have.

0610
I **owe** money to my friends.

0611
The oval* building **resembles** an egg.

0612
In order to **survive** in this competitive world, one must prepare himself* well.

0613
I think this wallet **belongs** to my cousin.

0614
Money is not a **concern**. I just want the best.

0615
He **envied** his friends' success.

impress [imprés] 0616	*vt.* 인상을 주다, 영향을 미치다 🔗 impression *n.* 인상 (feeling); make an impression 인상을 주다
include [inklú:d] 0617	*vt.* 포함하다 🔗 inclusion *n.* 포함
matter [mǽtər] 0618	*vi./n.* 문제(가 되다) It doesn't matter. 그건 문제되지 않는다; What's the matter? 무슨 일이니?
possess [pəzés] 0619	*vt.* 소유하다(have) be possessed of ~을 소유하다　🔗 possession *n.* 소유, (-s) 재산
reach [ri:tʃ] 0620	*vt./n.* 도달(하다, get to) within reach 도달할 수 있는(↔ out of reach)
admire [ædmáiər] 0621	*vt.* 칭찬하다 (respect) 🔗 admiration *n.* 칭찬, 찬사; admirable *adj.* 칭찬할만한
lack [læk] 0622	*vt./n.* 부족(하다), 결핍(되다, want) for lack of ~이 부족하여
own [oun] 0623	*vt.* 소유하다　*adj.* 자신의 🔗 owner *n.* 소유자
recognize [rékəgnàiz] 0624	*vt.* (아는 것을)인정하다 (accept), 알아보다 *cf.* realize *v.* (모르던 것을) 깨닫다　🔗 recognition *n.* 인정, 깨달음
suspect [səspékt] 0625	*vt.* 의심하다 (doubt)　*n.* 용의자 be suspected of ~의 혐의를 받다　🔗 suspicion *n.* 의심

0601 ① 내 눈을 믿을 수가 없다. (도저히 믿기지 않는 상황에 대해) ② 마술을 믿니? (실제로 가능하다고) 🎵 나는 내가 날 수 있고 하늘에 닿을 수 있다고 믿는다. 🎵 - R 켈리의 I Believe I Can Fly 중에서　0602 🎵 당신이 내게 하려 했던 말을 저는 이해합니다. 🎵 - 돈 맥클린의 Vincent 중에서　0603 그 교수는 백포도주보다 적포도주를 좋아한다.　0604 네가 그걸 해 낼 수 있다고 나는 생각해.　0605 나는 그 냄새조차도 견딜 수 없기 때문에 카레를 싫어한다.　0606 그 선물세트는 캔디와 초콜릿으로 이루어져있다.　0607 그의 지갑에는 많은 돈이 있었다.　0608 ① 그는 보너스상을 받을 자격이 있었다. ② 이 책은 읽을 가치가 있다.　0609 그녀는 자신이 가질 수 없는 것을 원했다.　0610 나는 친구에게 돈을 빚졌다.　0611 그 타원형 빌딩은 계란을 닮았다.　0612 이 경쟁사회에서 생존하기 위해서는 자신을 잘 갈고 닦아야 한다.　0613 이 지갑은 내 사촌 것 같다.　0614 돈은 문제가 되지 않는다. 난 단지 최고를 원할 뿐이다.　0615 그는 친구들의 성공을 부러워했다.　0616 ① 그의 말은 우리에게 아무런 영향을 주지 못했다. ② 나는 그녀가 꽤 강렬한 인상을 주었다고 생각한다.　0617 그 장난감에는 전지가 들어있지 않다.　0618 ① 무슨 일이니? ② 자녀 교육이 가장 중요한 문제다.　0619 그는 특별한 치유능력을 갖고 있다.　0620 그녀는 이동전화가 없기 때문에 연락하기가 매우 힘든 사람이다.　0621 그 분은 우리 학교에서 가장 존경받는 선생님들 가운데 한 분이시다.　0622 그녀는 사장이 되는 데 필요한 자질이 부족하다.　0623 나는 내 힘으로 성공할 거다.　0624 사진 속 그 남자를 알아볼 수 있니?　0625 그 용의자는 잡화점에서 경찰관에게 체포되었다.

0616　① His words failed to **impress** us.
　　　② I think she made a pretty strong **impression**.

0617　Batteries are not **included** in the toy.

0618　① What is the **matter** with you?
　　　② My son's education **matters** the most.

0619　He **possesses** special healing power*.

0620　She was a very hard person to **reach** because she did not have a mobile phone.

0621　He is one of the most **admired** teachers in my school.

0622　She **lacks** the necessary quality* to become the president.

0623　I will succeed on my **own**.

0624　Can you **recognize** the man in the picture?

0625　The **suspect** was captured* by a police officer in the grocery store*.

- oval　*adj.* 타원형의
- prepare oneself　스스로를 대비시키다
- healing power　치유능력
- quality　*n.* 자질
- capture　*v.* 체포/생포하다
- a grocery store　잡화점

Pop Quiz (25)

1. prefer　　・　　Ⓐ 포함하다
2. consist　　・　　Ⓑ 구성되다
3. deserve　　・　　Ⓒ 질투하다
4. desire　　・　　Ⓓ 가치가 있다
5. resemble　　・　　Ⓔ 부족하다
6. survive　　・　　Ⓕ 선호하다
7. envy　　・　　Ⓖ 닮다
8. include　　・　　Ⓗ 간절히 바라다
9. reach　　・　　Ⓘ 생존하다
10. lack　　・　　Ⓙ 도달하다

Practice Test (5)

다음 문장에서 강조된 단어와 의미가 가장 가까운 것을 고르시오.

1 Whatever will `become of` you, I don't care anymore.
　ⓐ enter into　　ⓑ look at　　ⓒ happen to　　ⓓ attend to

2 The committee is `composed` of the 11 representatives from each country.
　ⓐ consisted　　ⓑ insisted　　ⓒ made up　　ⓓ got up

3 I think that distance `is no object` in this case.
　ⓐ is no good　　ⓑ is no value　　ⓒ does not matter　　ⓓ does not exist

4 He used to `hide` his daughter's doll under her bed for fun.
　ⓐ seek　　ⓑ conceal　　ⓒ discover　　ⓓ recur

5 Unfortunately, some people tend to `rely` on their spouse, friends, or parents completely.
　ⓐ take　　ⓑ depend　　ⓒ look　　ⓓ bring

6 A lot of teenagers go to their beloved movie star's house with the `aim` of catching a glance of him or her.
　ⓐ purpose　　ⓑ worth　　ⓒ handle　　ⓓ subject

7 No man was `permitted` to enter the area.
　ⓐ limited　　ⓑ allowed　　ⓒ restricted　　ⓓ awared

8 They had no choice but to `postpone` their departure because of bad weather.
　ⓐ put off　　ⓑ call off　　ⓒ take off　　ⓓ give off

9 The woman was said to `possess` the mysterious ability to predict other people's future.
　ⓐ show　　ⓑ owe　　ⓒ be　　ⓓ have

10 The professor is one of the most `admired` scholars both inside and outside his country.
　ⓐ inclined　　ⓑ asked　　ⓒ doubted　　ⓓ respected

Ultra-basic Words 5

do, make

do [du:] did-done

aux. ① 의문 ② 강조 ③ 도치 ④ 대동사
    A: What **do** you think of him? He **does** love you.
          ①   ②
    B: What? Never **did** I dream such a nice guy **does**.
                    ③   ④

v. ① ~을 하다
    What is he **doing** now? He is **doing** the same.

  ② (목적어와 관련된 동작을) 하다
    do work 일하다   do research 연구하다
    do the shopping 쇼핑하다   do one's hair 머리하다
    do business with ~와 거래하다   do the homework 숙제하다

phr. v.   do one's best 최선을 다하다 (try one's best)
    do without ~없이 지내다
    do sb. a favor 부탁을 들어주다
    have done with ~을 끝내다(finish)
    have (something / nothing) to do with ~와 (어느 정도 / 전혀) 관련이 있다 / 없다

make [meik] made-made

vt. ① (새로운 것을) 만들다, ~을 하다
    make a choice 선택하다   make a noise 소란 떨다
    make a decision 결정하다   make a plan 계획하다
    make a trip 여행하다   make a promise 약속하다

  ② ~하게 하다 / 만들다
    Sunshine **makes** me happy.
    You can take a horse to the water, but you cannot **make** him drink.
    (말을 물가로 데려갈 순 있지만, 물을 마시게 할 순 없다.)

vi. ~이 되다 (be, become)
    I'm sure he will **make** a good scientist.

phr. v.   be made of / from ~로 만들어지다
    be made up of ~로 구성되다
    make up one's mind to-inf ~할 결심을 하다

주요 구문 - I

suggest [səɡdʒést] 0626	*vt.* 제안하다, 암시하다 (hint, imply) suggest (to sb.) that (~에게) 제안 / 암시하다 ▣ suggestion *n.* 제안, 암시
advise [ædváiz] 0627	*vt.* ① 충고하다 ② 알리다 (inform) advise sb. to-inf ~하라고 충고하다 ▣ advice *n.* 충고
propose [prəpóuz] 0628	*vt.* 제안하다 (suggest) *vi.* 청혼하다 propose to-inf/-ing ~할 작정이다(intend) ▣ proposal *n.* 제안, 청혼
ask [æsk] 0629	*vt.* ① 요구하다 ② 묻다 ask a question 질문하다; ask after 안부를 묻다
order [ɔ́ːrdər] 0630	*vt./n.* 명령(하다), 질서, 주문 order sb. to-inf ~하라고 명령하다; in order to-inf ~하기 위하여 ▣ orderly *adj.* 정돈된
demand [dimǽnd] 0631	*vt.* 요구하다(require) *n.* 필요, 수요 supply and demand 수요와 공급
insist [insíst] 0632	*vi.* 주장하다, 고집하다 insist on / that ~을 고집하다(persist in) ▣ insistent *adj.* 강요하는, 고집하는
recommend [rèkəménd] 0633	*vt.* 권고하다, 추천하다 recommend sb. to-inf ~하라고 권고하다 ▣ recommendation *n.* 추천, 권고
command [kəmǽnd] 0634	*vt./n.* 명령(하다, order), (존경 등) 받다 command that / ~to-inf ~하라고 명령하다 ▣ commander *n.* 사령관
hope [houp] 0635	*vt./n.* 희망(하다) I hope so / not. 그러길 / 그러지 않길 바래 ▣ hopeful *adj.* 희망하는
expect [ikspékt] 0636	*vt.* 기대하다 expect sb. to-inf 할 것이라 기대하다(원하다) ▣ expectation *n.* 기대, 예상
decide [disáid] 0637	*vt.* 결심하다 (make up one's mind), 결정하다 decide to-inf / that ~하기로 / 을 결심하다 ▣ decision *n.* 결정
promise [prámis] 0638	*vt./n.* 약속(하다) make a promise 약속하다 *cf.* make an appointment 약속하다 (회의, 모임 등)
pledge [pledʒ] 0639	*vt./n.* 맹세(하다) make a pledge 맹세하다 (make a serious promise)
threaten [θretn] 0640	*vt.* 위협 / 협박하다 threaten to-inf / that ~하겠다고 협박하다 ▣ threat *n.* 위협, 협박

Day 26

S 제안 / 요구 / 명령 V that S (should) V(원형) (앞으로 ~해야 한다는 의미일 경우)

0626 She **suggested** that they go to the movies on Saturday.

0627 My stock broker **advised** that I sell my shares* immediately.

0628 The consultants **proposed** that the company lay off* 500 workers.

0629 I **asked** that he reconsider his decision.

0630 The police officers **ordered** that the crowd disperse* at once.

0631 I **demand** an apology.

0632 He **insisted** on going to the market even though it was late.

0633 He **recommended** that she consult her doctor.

0634 The general **commanded** that the soldier be tried by a court martial*.

S 소망 / 바람 V that S will / would V

0635 I **hope** that you will visit her more often.

0636 I **expect** that she will be on time.

0637 He **decided** that he will retire next month.

0638 I **promise** that I will never yell at you again.

0639 I **pledge** that I will serve my country faithfully.

0640 Some internet users **threatened** that they will send a lot of hate mail.

wish [wiʃ] 0641	*vt.* 바라다 *n.* 바람, 희망(desire, hope) wish that S would ~하길 바라다 *cf.* I hope that S will ~하길 바라다
resolve [rizálv] 0642	*vt.* ① 결의하다 (decide) ② 해결하다 resolve to-inf / that ~하기로 결의하다(make a firm decision) ⓔ resolution *n.* 결의, 결심
difficult [dífikʌlt] 0643	*adj.* 어려운, 힘든(↔ easy) ⓔ difficulty *n.* 어려움; have difficulty -ing ~하느라 애를 먹다
dangerous [déindʒərəs] 0644	*adj.* 위험한 (unsafe) ⓔ danger *n.* 위험(risk); dangerously *adv.* 위험하게
hard [hɑːrd] 0645	*adj.* ① 힘든 (difficult) ② 단단한 *adv.* 열심히 something hard 단단한 것; study hard 열심히 공부하다 ⓔ hardly *adv.* 거의 ~하지 않다
important [impɔ́ːrtənt] 0646	*adj.* 중요한(significant) be important to sb. ~에게 중요하다 ⓔ importance *n.* 중요(성)
possible [pásəbl] 0647	*adj.* 가능한 (↔ impossible), 유력한(potential) as soon as possible 가능한 한 빨리 ⓔ possibility *n.* 가능성
necessary [nésəsèri] 0648	*adj.* 필요한(required) ⓔ necessity *n.* 필요, 필수품
regrettable [rigrétəbl] 0649	*adj.* 유감스런, 불운의(unfortunate) ⓔ regret *v.* 후회하다; regretful *adj.* 후회하는
useful [júːsfəl] 0650	*adj.* 유용한, 쓸모 있는 ⓔ use *n./vt.* 사용(하다), 쓸모; of no use 쓸모 없는(useless)

0626 그녀는 토요일에 영화 보러 가자고 제안했다. 0627 주식중개인이 내게 주식을 즉시 팔라고 충고했다. 0628 전문상담역은 회사가 500명의 노동자를 정리해고해야 한다고 제안했다. 0629 나는 그에게 결정을 재고하라고 요구했다. 0630 경찰관들은 군중들에게 즉시 해산할 것을 명령했다. 0631 나는 사과를 요구했다. 0632 그는 시간이 늦었음에도 불구하고 시장에 갈 것을 고집했다 0633 그는 그녀에게 병원에 가라고 권고했다. 0634 그 장군은 그 사병을 법정에 세우라고 명령했다. 0635 네가 좀더 자주 그녀를 찾아가길 바란다. 0636 그가 정각에 올 거라 생각한다. 0637 그는 다음달 은퇴하기로 결심했다. 0638 다시는 너에게 소리지르지 않겠다고 약속할게. 0639 충실하게 조국에 봉사할 것을 선서합니다. 0640 일부 네티즌들은 수많은 항의메일을 보내겠다고 위협했다. 0641 ① 영화배우가 되었으면 좋겠다. ② 현재, ③ 과거에 영화배우가 아닌 데 대한 아쉬움 0642 그 학생은 리니지 게임을 더 이상 하지 않겠다고 결심했다. 0643 내가 아버지를 설득하긴 어려웠다. 0644 불을 가지고 노는 것은 매우 위험하다. 0645 ♪ 당신의 눈에 비쳐지는 그 고통을 볼 수 있어요. 그리고 당신이 얼마나 열심히 노력하는 지 알고 있어요. ♪ – 제시카의 Good-Bye 중에서 0646 내가 나 자신의 한계(약점)를 아는 게 매우 중요하다. 0647 당신이 당신 자신보다 누군가를 더 많이 사랑할 때만이 진정한 이별이 가능해요. –Good Will Hunting 중에서 0648 네 글을 철저히 교정 볼 필요가 있다. 0649 유감스럽게도 그가 네 생일파티에 오지 않았다. 0650 많은 언어를 할 줄 아는 것은 매우 유용하다. 한 명의 목숨을 구하기 위해 우리 여덟 명이 목숨을 거는 게 무슨 소용이 있단 말인가? – Saving Private Ryan 중에서

0641
① I **wish** that I could be a film star.
② I **wish** that I were a film star.
③ I **wish** that I had been a film star then.

0642 The school kid **resolved** that he would quit playing the Lineage Game.

It is _____ (for sb.) to–inf

0643 It was **difficult** for me to persuade my father.
= My father was **difficult** for me to persuade.

0644 It is very **dangerous** to play with fire.

0645 ♪ I can see the pain living in your eyes. And I know how **hard** you try. ♪
– *Good-Bye, Jessica*

0646 It is very **important** for me to know my own limitations*.

0647 Real loss is only **possible** when you love something more than you love yourself. – *Good Will Hunting*

0648 It is **necessary** to proofread* your essay thoroughly.

0649 It is **regrettable** that he did not show up at your birthday party.

0650 It is very **useful** to speak many languages.
What's the use in risking the life of the eight of us to save one guy?
– *Saving Private Ryan*

Pop Quiz (26)

❶ advise	•	Ⓐ 제안하다
❷ propose	•	Ⓑ 명령하다
❸ order	•	Ⓒ 요구하다
❹ demand	•	Ⓓ 충고하다
❺ decide	•	Ⓔ 위협하다
❻ promise	•	Ⓕ 어려운
❼ threaten	•	Ⓖ 약속하다
❽ difficult	•	Ⓗ 유감스런
❾ possible	•	Ⓘ 결정하다
❿ regrettable	•	Ⓙ 가능한

❏ **share** *n.* 주식
❏ **lay off** 정리해고하다
❏ **disperse** *v.* 해산하다
❏ **court martial** 군법정
❏ **limitation** *n.* 약점, 한계
❏ **proofread** *v.* 교정하다

주요 구문 - II

polite [pəláit] 0651	*adj.* 공손한, 예의 바른(↔ impolite) be polite to sb. ~에게 공손하다　politely *adv.* 공손하게
arrogant [ǽrəgənt] 0652	*adj.* 오만한, 거만한 an arrogant attitude 오만한 태도　arrogance *n.* 오만
clever [klévər] 0653	*adj.* 똑똑한, 영리한 (intelligent, smart) a clever kid 똑똑한 아이　cleverly *adv.* 영리하게
cowardly [káuərdli] 0654	*adj.* 소심한, 겁이 많은 (↔ brave) coward *n.* 소심한 사람; cowardice *n.* 소심, 비겁
crazy [kréizi] 0655	*adj.* 제정신이 아닌, 미친(crazy) go crazy 미치다　*cf.* be crazy / mad about ~에 열광하다(구어)　crazily *adv.* 미쳐
impudent [ímpjudnt] 0656	*adj.* 뻔뻔한, 염치 없는 impudently *adv.* 뻔뻔하게
rude [ruːd] 0657	*adj.* 무례한 (ill-mannered, impolite) be rude to sb. ~에게 무례하게 굴다　rudely *adv.* 무례하게
silly [síli] 0658	*adj.* 어리석은, 바보 같은 (stupid, foolish) a silly question 어리석은 질문; Don't be silly. 바보같이 굴지 마라
confident [kánfidənt] 0659	*adj.* 확신하는 (assured) be confident of / that ~을 확신하다　confidence *n.* 확신
appropriate [əpróuprièit] 0660	*adj.* 적절한, 적당한 (↔ inappropriate) be appropriate for / to ~에 적절하다　appropriately *adv.* 적절하게
inevitable [inévitəbl] 0661	*adj.* 불가피한(unavoidable), 어쩔 수 없는 the inevitable 불가피한 일 / 상황　inevitably *adv.* 불가피하게
doubtful [dáutfəl] 0662	*adj.* 의심스러운, 자신 없는, 논란이 될만한 be doubtful of ~에 자신 없어 하다　doubt *vt./n.* 의문(을 갖다), 의심(하다)
obvious [ábviəs] 0663	*adj.* 분명한, 두드러지는 (evident, clear) it is obvious that ~가 분명하다　obviously *adv.* 분명하게
pity [píti] 0664	*n./vt.* 동정(하다)　-tied, -ing feel pity for ~를 동정하다(feel sorry for)　pitiful *adj.* 가엾은, 비참한
probable [prábəbl] 0665	*adj.* 있음직한, 그럴 듯한(↔ improbable) it is probable that 아마도 ~할 것이다　probably *adv.* 아마도

Day 27

It is _____ of sb. to-inf

0651 It was very **polite** of him to receive the guests.
= He was very **polite** to receive the guests.

0652 It was **arrogant** of him to underestimate* your ability.

0653 It was **clever** of you to switch the timetable*.

0654 It is quite **cowardly** of him to be scared of insects.

0655 I think it is **crazy** not to buy this tie at this price.

0656 It was **impudent** of you to show up* so late.

0657 It was very **rude** of him to speak so loudly.

0658 It was **silly** of her to trust him so much.

Be _____ to-inf / that S V

0659 I am **confident** that he will win the race.

0660 Please fill in the blanks with **appropriate** words.

0661 Her failure was **inevitable** since she did not work hard at all.

0662 It is very **doubtful** whether he will be able to complete the marathon.

0663 The police gave the **obvious** proof to the suspect.

0664 It was a **pity** that I could not feel the need to take **pity** on the scientist.

0665 It is **probable** that he will get the desk job in London.

conscious [kánʃəs] 0666	*adj.* ① 의식하는(aware) ② 깨어 있는 be conscious of / that ~을 인식하다　consciously *adv.* 의식적으로
likely [láikli] 0667	*adj.* 할 것 같은, 있음직한(probable ↔ unlikely) be likely to-inf ~할 것 같다
anxious [ǽŋkʃəs] 0668	*adj.* ① 걱정하는 ② 염원하는 be anxious about / for N ~을 걱정하다, 염원하다　anxiety *n.* 걱정, 염원
essential [isénʃəl] 0669	*adj.* 본질적인(↔ non-essential), 중요한 essence *n.* 본질, 정수; essentially *adv.* 본질적으로
liable [láiəbl] 0670	*adj.* ① ~하기 쉬운 / 할 것 같은(likely) ② 책임이 있는 be liable to-inf ~하기 쉽다; be liable for ~의 책임이 있다　liability *n.* 가능성, (-ties) 부채
unable [ʌnéibl] 0671	*adj.* 할 수 없는(incapable ↔ able) be unable to-inf ~할 수 없다　inability *n.* 무능(력); disable *vt.* ~하지 못하게 하다
bound [baund] 0672	*adj.* ① 틀림 없이 ~하는 ② 묶인 ③ ~로 향하는　*v.* 튀다 be bound to-inf 틀림 없이 ~하다; be bound for ~로 향하다
due [dju:] 0673	*adj.* ① 예정인, 만기의 ② 정당한, 적절한 be due to-inf ~할 예정이다; due to N ~때문에(because of)
inclined [inkláind] 0674	*adj.* ~하고 싶어하는, ~성향의 be inclined to-inf ~하고 싶다, ~하는 성향이다　inclination *n.* 성향, 취향
willing [wíliŋ] 0675	*adj.* 기꺼이 ~하는(↔ unwilling) be willing to-inf 기꺼이 ~하다　willingly *adv.* 기꺼이(readily); will *n.* 의지

0651 그는 매우 공손하게 손님들을 맞이했다. 0652 그가 네 능력을 과소평가하는 것은 오만이었다. 0653 네가 시간표를 맞바꾼 것은 현명했다. 0654 그가 곤충을 무서워하는 것은 꽤 소심한 짓이다. 0655 이 가격에 이 타이를 사지 않는다면 제정신이 아닌 거라 생각해. 0656 네가 그렇게 늦게 나타난 것은 뻔뻔한 행동이었다. 0657 그가 그렇게 큰 소리로 말한 것은 매우 무례한 짓이었다. 0658 그녀가 그를 그렇게 많이 믿은 것은 어리석었다. 0659 나는 그가 경주에서 우승할 거라 확신해. 0660 적절한 단어로 빈칸을 채워주세요. 0661 그녀는 열심히 노력하지 않았기 때문에 실패는 불가피했다. 0662 그가 마라톤을 완주할 수 있을지 상당히 의문시된다. 0663 경찰이 그 용의자에게 분명한 증거를 제시했다. 0664 유감스럽게도 나는 그 과학자를 동정할 필요성을 느낄 수 없었다. 0665 아마도 그가 런던에서 사무직 일자리를 얻게 될 것 같다. 0666 그 환자는 당시 의식이 있었다. 0667 오늘 밤 눈이 올 것 같다. 0668 그녀는 파티에 갈 간절히 원했다. 0669 그 디자이너는 그 프로젝트의 핵심멤버이다. 0670 그녀는 그 끔찍한 사건에 책임이 있다. 0671 그는 폭풍우가 이는 동안 비행기를 통제할 수 없었다. 0672 그 배는 아프리카행이다. 0673 정전은 번개 때문이었다. 0674 그 교사는 학생들의 밝은 면(긍정적인 면)을 보려는 경향이 있다. 0675 그들은 기꺼이 직장을 잃을 수도 있는 모험을 감행키로 했다.

0666 The patient was **conscious** at that time.

0667 It is **likely** to snow tonight.

0668 She was **anxious** to go to the party.
(=She was **anxious** that she should go to the party.)

0669 The designer is an **essential** member of the project.

0670 She was **liable** for the terrible accident.

0671 He was **unable** to control the plane during the storm.

0672 The ship is **bound** for Africa.

0673 The power failure was **due** to the lightning strike*.

0674 The teacher was **inclined** to try to look at the bright side* of his students.

0675 They were **willing** to take the risk of losing their jobs.

Pop Quiz (27)

1. arrogant • A 본질적인
2. cowardly • B 명백한
3. rude • C 소심한
4. confident • D 오만한
5. inevitable • E 불가피한
6. obvious • F 무례한
7. conscious • G 예정인
8. anxious • H 걱정하는
9. essential • I 의식하는
10. due • J 확신하는

❑ underestimate *vt.* 과소평가하다
❑ timetable *n.* 시간표
❑ show up 나타나다, 등장하다
❑ lightning strike 번개
❑ the bright side 밝은 면

한쪽 역할만 하는 형용사(수식, 서술)

remaining [riméiniŋ] 0676	*adj.* 남아 있는 ▣ remain *vi./n.* 남다 / 나머지
next [nekst] 0677	*adj.* ① 다음의 ② 옆의 next week 다음 주; next door 옆집(의); next to ~옆에
additional [ədíʃənl] 0678	*adj.* 추가의 an additional cost 추가비용 ▣ add *vt.* 더하다; add A to B B에 A를 더하다
entire [intáiər] 0679	*adj.* 전체의(whole), 완전한 (complete) the entire world 전세계 ▣ entirely *adv.* 전체적으로
following [fálouiŋ] 0680	*adj.* 다음의, 뒤에 나오는(next) the following day 그 다음 날 (the next day) ▣ follow *vt.* 뒤따르다; follower *n.* 추종자
main [mein] 0681	*adj.* 주된, 주요한 a main idea 주제 ▣ mainly *adv.* 주로
previous [prí:viəs] 0682	*adj.* 앞서의, 이전의 (earlier, prior ↔ following) ▣ previously *adv.* 전에
principal [prínsəpəl] 0683	*adj.* 주된, 중요한 (main) *n.* 교장, 우두머리 a principal cause 주요 원인 *cf.* principle 원리, 원칙
certain [sə́:rtn] 0684	*adj.* ① 어떤, 특정한 (some) ② 확신하는 (서술) a certain person 특정인; be certain that ~을 확신하다 ▣ certainly *adv.* 확실히
chief [tʃi:f] 0685	*adj.* 주요한 (main, principal) *n.* 장(長), 우두머리 (head, leader) Chief Executive Officer 최고경영자 (CEO) ▣ chiefly *adv.* 주로
former [fɔ́:rmər] 0686	*adj.* (시간, 순서) 이전의, 전자의 (ex-, previous ↔ latter) ▣ formerly *adv.* 이전에
further [fə́:rðər] 0687	*adj.* 그 이상의, 보다 상세한 (more) *adv.* 게다가 ▣ far *adj./adv.* (거리, 정도)먼 / 멀리; farther *adj./adv.* (거리) 보다 먼 / 멀리
opposite [ápəzit] 0688	*adj.* 반대(편)의(방향이나 의견, 입장이 완전히 다른) *cf.* be opposed to sth. ~에 반대하다 (disagree with sth.) ▣ opposition *n.* 반대
specific [spisífik] 0689	*adj.* ① 구체적인 (particular, 수식) ② 정확한, 독특한 (서술) ▣ specifically *adv.* 구체적으로
usual [jú:ʒuəl] 0690	*adj.* ① 평소의 (수식) ② 보통의, 일반적인 (서술) as usual 평소처럼 *cf.* ordinary *adj.* 일반적인(종류의, 유형의) ▣ usually *adv.* 보통

Day 28

형용사 Noun (수식 역할만)

0676 The **remaining** items will be on sale tomorrow.

0677 You will definitely* get a day off **next** week.
♪ I've been living **next** door to Alice twenty four years, just waiting for a chance to tell her how I feel. ♪
– Living Next to Door to Alice, Smokie

0678 **Additional** help is on the way*.

0679 ♪ Heal the world. Make it a better place for you and for me and the **entire** human race*. ♪ – Heal the World, Michael Jackson

0680 Choose the right answer in the **following** sentences.

0681 The **main** street is always congested with* heavy traffic.

0682 The current president is more capable than the **previous** one, I believe.

0683 The **principal** idea came from the head researcher.

0684 A **certain** amount of money will be provided.
This kind of certainty comes but once in a lifetime.
– The Bridges of Madison County

0685 The **chief** executive officer of my company called me this morning.

0686 The **former** president was greatly admired by his people.

0687 For **further** information, feel free to call anytime.

0688 I was waiting at the **opposite** corner of the building.

0689 ① He always answers questions with **specific** examples.
② You need to be more **specific**.

0690 The lawyer sat on his **usual** chair that looks a little bigger than an ordinary chair.

present [preznt] 0691	*adj.* ① 참석한 (서술) ② 현재의(current, 수식) *n.* ① 현재 ② 선물	
	the present crisis 현재의 위기; be present 참석하다	
afraid [əfréid] 0692	*adj.* 두려운 (frightened), 우려하는	
	be afraid of ~을 두려워하다, 우려하다 *cf.* a <u>frightened</u> boy 겁에 질린 아이	
glad [glæd] 0693	*adj.* 기쁜, 반가운(happy)	
	Glad to meet you. 만나서 반가워. gladly *adv.* 기쁘게	
sorry [sári] 0694	*adj.* 유감인, 미안한	
	feel sorry for ~를 동정하다; I'm sorry to-inf / that ~해서 유감이다	
content *n.*[kántent] *adj.* [kəntént] 0695	*adj.* 만족한(satistifed, 서술) *n.* ① 내용(물) ② (-s) 목차	
	be content with ~에 만족하다; the contents of this book 이 책의 목차	
alone [əlóun] 0696	*adj.* ① 혼자의(by oneself) ② 오직 ~만(수식)	
	all alone 내내 혼자서 *cf.* feel lonely 외로움을 느끼다	
ill [il] 0697	*adj.* ① 아픈 ② 나쁜(수식) *adv.* 나쁘게	
	ill feeling 나쁜 감정; ill-mannered 행실이 나쁜 illness *n.* 질병(사람의)	
ready [rédi] 0698	*adj.* ① 준비된 ② 기꺼이 ~하려는 (willing)	
	be ready to-inf ~할 각오가 되어 있다 readily *adv.* 기꺼이	
asleep [əslí:p] 0699	*adj.* 잠든(↔ awake)	
	go to sleep 잠들다; fall asleep 깜박 졸다; get to sleep 잠을 청하다 sleep *v./n.* 자다 / 잠	
aware [əwέər] 0700	*adj.* 알고 있는 (이름이나 존재 정도)	
	be aware of ~을 알고 있다 awareness *n.* 인식	

0676 남은 물건들은 내일 판매될 것이다. 0677 너는 분명 다음 주에 하루 휴가를 받게 될 거야. 나는 단지 내 감정을 말할 기회를 잡기 위해 앨리스 옆집에서 24년 동안 살아왔다. - 스모키의 Living Next to Door to Alice 중에서 0678 추가 지원이 이루어지고 있다. 0679 세상을 치유하자. 너와 나, 그리고 전 인류를 위해 더 나은 곳으로 만들자. - 마이클 잭슨의 Heal the World 중에서 0680 다음 문장들 중에서 정답을 고르시오. 0681 주도로는 늘 교통이 혼잡하다. 0682 나는 현 대통령이 전임 대통령보다 유능하다고 생각한다. 0683 주된 아이디어는 그 수석연구원에게서 나왔다. 0684 약간의 돈이 제공될 것이다. 이런 식의 확신은 평생에 한 번만 온다. - The Bridges of Madison County`중에서 0685 우리 회사 최고경영자가 오늘 아침 전화했다. 0686 전임 대통령은 국민들로부터 커다란 존경을 받았다. 0687 더 많은 정보를 원하신다면, 언제든 전화주세요. 0688 나는 그 건물 맞은편에서 기다리고 있었다. 0689 ① 그는 항상 구체적인 사례를 가지고 대답한다. ② 너는 좀더 정확을 기할 필요가 있다. 0690 그 변호사는 일반적인 것들보다 다소 커 보이는, 자신이 평소에 앉는 의자에 앉았다. 0691 ① 현 회장이 만찬에 참석하지 않았다. ② 현재는 노예제도가 전세계에서 불법이다. 0692 A: 저 선수 심하게 다친 것 같아. B: 그런 거 같아 걱정이네. 0693 그 부모는 딸이 졸업하는 모습을 지켜보면서 매우 흡족해했다. 0694 지금 당장 돌아와라. 그렇지 않으면 후회하게 될 거다. 0695 ① 이 병의 내용물은 매우 위험하다. ② 대다수 사람들이 선거결과에 만족했다. 0696 ① 그녀를 내버려 둬. 때론 그녀도 혼자만의 시간이 필요해. ② 사람은 빵으로만 살 것이 아니다. (성경) 마태복음 4장4절 0697 그는 과로하다 병이 났다. 0698 그 천부적인 운동선수는 선수권에서 우승할 만반의 준비를 갖췄다. 0699 몇몇 학생들이 이따금 그의 수업시간에 깜박 졸지만 어떤 학생은 (아예) 처음부터 자버린다. 0700 그는 그들이 처한 심각한 상황을 알고 있었다.

Day 28

Be + _____ (서술 역할만)

0691 ① The **present** chairman is not **present** at the reception.
② At **present**, slavery is illegal all over the world.

0692 A: The player appeared to be seriously injured.
B: I'm **afraid** so.

0693 Her parents were so **glad** to see their daughter graduate from the university.

0694 Come back right now, or you'll be **sorry**.

0695 ① The **contents** of this bottle are very dangerous.
② The majority of the people were **content** with the outcome of the election.

0696 ① Leave her **alone**. Sometimes she needs time to herself.
② Man shall not live by bread **alone**. Matthew 4:4 (the Bible)

0697 He got **ill** because he worked too hard.

0698 The gifted* athlete got all **ready** to win the championship.

0699 Some students sometimes fall **asleep** during the class, but a certain student goes to sleep from the beginning*.

0700 He was **aware** of the grave* situation they were in.

- definitely *adv.* 분명히
- be on the way 진행 중이다
- human race 인류
- be congested with ~로 혼잡하다
- gifted *adj.* 재능 있는, 천부적인
- from the beginning (아예) 처음부터
- grave *adj.* 심각한

Pop Quiz (28)

1. remaining • Ⓐ 확신하는
2. following • Ⓑ 다음의
3. previous • Ⓒ 평소의
4. certain • Ⓓ 구체적인
5. chief • Ⓔ 만족한
6. specific • Ⓕ 알고 있는
7. usual • Ⓖ 주요한
8. afraid • Ⓗ 남아 있는
9. content • Ⓘ 이전의
10. aware • Ⓙ 두려워하는

문장수식부사와 빈도부사
How often

oddly [ádli] 0701	*adv.* 이상하게도 oddly enough 이상한 일이지만　💡 odd *adj.* ① 이상한 ② 홀수의
luckily [lʌ́kili] 0702	*adv.* 운 좋게도(↔ unluckily) luckily for sb. ~에게 다행스럽게도　💡 luck *n.* (행)운; lucky *adj.* 운 좋은
remarkably [rimá:rkəbli] 0703	*adv.* 현저하게, 두드러지게 💡 remarkable *adj.* 두드러진, 현저한
strangely [stréindʒli] 0704	*adv.* 묘하게도(oddly) strangely enough 이상한 일이지만　💡 strange *adj.* 이상한, 낯선
unhappily [ʌnhǽpili] 0705	*adv.* 불행히도, 공교롭게도(↔ happily) 💡 happiness *n.* 행복
fortunately [fɔ́:rtʃənətli] 0706	*adv.* 다행히도(luckily ↔ unfortunately) 💡 fortune *n.* (행)운, 큰 돈
significantly [signífikəntli] 0707	*adv.* 의미 심장하게도 💡 significant *adj.* 중요한(important)
actually [ǽktʃuəli] 0708	*adv.* 실은, 실제로는(in fact, in reality) 💡 actual *adj.* 실제의
characteristically [kæ̀riktərístikəli] 0709	*adv.* 특징적으로, 특히 💡 character *n.* 특징, 인물, 성격; characteristic *adj.* 독특한
of course [ʌv kɔ́:rs] 0710	*adv.* 물론, 당연히(naturally) Of course not. 당연히 아니지.　💡 course *n.* 길, 과정
curiously [kjúəriəsli] 0711	*adv.* 신기한 듯이, 호기심에서 curiously enough 신기하게도　💡 curious *adj.* 호기심 어린; curiosity *n.* 호기심
mercifully [mə́:rsifəli] 0712	*adv.* 자비롭게, 다행히도 💡 mercy *n.* 자비; merciful *adj.* 자비로운, 관대한
mysteriously [mistíərəsli] 0713	*adv.* 불가사의하게도 💡 mystery *n.* 수수께끼, 미궁; mysterious *adj.* 신비한, 수수께끼 같은
typically [típikəli] 0714	*adv.* 전형적으로, 으레 💡 type *n.* 전형, 유형; typical *adj.* 전형적인
continuously [kəntínjuəsli] 0715	*adv.* 계속해서, 끊임 없이 💡 continuous *adj.* (끊임 없이) 계속되는; continual *adj.* (반복적으로) 계속되는 (수식만)

Day 29

0701 **Oddly** enough, the television turned on and off of itself*.

0702 **Luckily**, he was able to avoid rush hour on his way back from the trip.

0703 **Remarkably**, he made a perfect recovery from his injuries.

0704 **Strangely** enough, the boring movie was a huge success.

0705 **Unhappily**, he could not see the singer at the airport.

0706 He was involved in a car accident. **Fortunately**, he was not hurt.

0707 **Significantly** enough, his hard work finally paid off.

0708 **Actually**, the soccer player wanted to be a math teacher.

0709 **Characteristically**, he was loud and annoying.

0710 A: Do you love your wife?
B: **Of course**, I love her more than anything else in the world.

0711 **Curiously** enough, the lazy* man finished all his work on time.

0712 **Mercifully**, the king pardoned* the young thief.

0713 **Mysteriously**, the magician* disappeared from the stage.

0714 **Typically**, we do not eat oysters *during the summer.

0715 You must **continuously** try to overcome your shortcomings*.

normally [nɔ́ːrməli] 0716	*adv.* ① 보통, 일반적으로(generally) ② 정상적으로 norm *n.* 표준; normal *adj.* 표준의; abnormal *adj.* 비정상의	
never [névər] 0717	*adv.* 결코 ~하지 않은(not ~at all, anything but) never-ending 끝없는 (보통 나쁜 일에)	
periodically [pìəriádikəli] 0718	*adv.* 정기적으로, 주기적으로 period *n.* 기간, 주기; periodical *adj./n.* 정기적인 / 정기 간행물	
constantly [kánstəntli] 0719	*adv.* 한결 같이, 노상 (continuously) constant *adj.* 한결 같은, 계속적인	
frequently [fríːkwəntli] 0720	*adv.* 빈번하게(often) frequent *adj.* 빈번한, 잦은 (↔ infrequent); frequency *n.* 빈도	
intermittently [ìntərmítntli] 0721	*adv.* 간헐적으로(↔ continuously) intermittent *adj.* 간헐적인	
occasionally [əkéiʒənəli] 0722	*adv.* 이따금, 때때로(at times, irregularly) occasional *adj.* 가끔의, 때때로의	
regularly [régjulərli] 0723	*adv.* 규칙적으로, 자주(frequently) regular *adj.* 규칙적인, 잦은; regularity *n.* 규칙성	
seldom [séldəm] 0724	*adv.* 좀처럼 ~하지 않는(hardly ~ever ↔ often)	
sometimes [sʌ́mtáimz] 0725	*adv.* 때때로, 이따금씩(occasionally, now and then) some time *adv.* (과거, 미래) 어느 시점에(at a time), 약간의 시간	

0701 이상하게도, 텔레비전이 저절로 켜졌다 꺼졌다를 반복했다. 0702 다행스럽게도, 그는 여행에서 돌아오는 길에 교통혼잡을 피할 수 있었다. 0703 눈에 띌 정도로 그는 부상에서 완전히 회복되었다. 0704 이상하게도, 그 따분한 영화가 커다란 성공을 거두었다. 0705 불행히도, 그는 공항에서 그 가수를 볼 수 없었다. 0706 그가 교통사고를 당했는데 천만다행으로, 다치지 않았다. 0707 매우 의미심장하게도, 그가 열심히 일한 게 결국 빛을 발했다. 0708 사실, 그 축구선수는 수학선생님이 되길 원했다. 0709 특히, 그는 시끄럽고 짜증나게 하는 사람이었다. 0710 A: 아내를 사랑하니? B: 당연히, 나는 세상 그 누구보다 아내를 사랑해. 0711 신기하게도, 그 게으름뱅이가 마감시간에 딱 맞춰 모든 일을 끝냈다. 0712 자비롭게도 왕은 그 어린 도둑을 용서해주었다. 0713 신비롭게도, 그 마술사가 무대에서 사라졌다. 0714 늘 그렇듯, 우리는 여름에는 굴을 먹지 않는다. 0715 너는 네 약점을 극복하기 위해 부단히 노력해야 한다. 0716 내 가족은 보통 여름휴가를 할아버지 목장에서 보낸다. 0717 ① 비가 오기만 하면 꼭 퍼붓는다.(불행은 겹쳐 온다.) ② 그녀가 여기 올 거라고는 상상도 못했다.  인생은 초콜릿 상자같다. 어떤 것을 먹게 될 지 절대로 알 수 없으니까. – Forrest Gump 중에서 0718 부모님께서는 병원에서 정기적으로 건강검진을 받으신다. 0719 두 형제는 항상 다퉜다. 0720 그녀는 빈번하게 유럽출장을 다녔다. 0721 그녀는 전화를 받기 위해 간헐적으로 일을 중단해야 했다. 0722 그녀는 가끔 막대한 돈을 가난한 사람들에게 기부했다. 0723 그는 하루에 두 시간 이상씩 규칙적으로 운동했다. 0724 그는 패스트푸드를 좋아하지 않기 때문에 좀처럼 패스트푸드점에 가지 않는다. 0725 ① 그녀는 재충전을 위해 때때로 산에 오른다. ② 그가 작년 어느 땐가 내 집에 왔었다. ③ 제게 시간 좀 주세요.

0716 My family **normally** spends the summer vacation at my grandfather's ranch.

0717 ① It **never** rains, but it pours.
② **Never** did I dream that she would come here.
🎬 Life is like a box of chocolates. You **never** know what you're gonna get. 🍫
– Forrest Gump

0718 My parents are **periodically** given a medical checkup at the hospital.

0719 The two brothers **constantly** fought each other.

0720 She **frequently** went on a business trip to Europe.

0721 She **intermittently** had to stop working in order to answer her phone.

0722 She **occasionally** donated large sums of money to the poor.

0723 He exercised **regularly** for more than two hours a day.

0724 He **seldom** goes to a fast food restaurant because he does not like fast food.

0725 ① She **sometimes** hikes a mountain to refresh herself.
② He came to my place <u>some time</u> last year.
③ Please give me <u>some time</u>.

Pop Quiz (29)

① oddly · Ⓐ 물론
② remarkably · Ⓑ 정기적으로
③ fortunately · Ⓒ 신비롭게도
④ actually · Ⓓ 좀처럼~하지 않는
⑤ of course · Ⓔ 이상하게도
⑥ mysteriously · Ⓕ 끊임 없이
⑦ continuously · Ⓖ 빈번하게
⑧ periodically · Ⓗ 현저하게도
⑨ frequently · Ⓘ 다행히도
⑩ seldom · Ⓙ 실제로

- **of itself** 저절로
- **lazy** *adj.* 게으른
- **pardon** *v.* 용서하다
- **magician** *n.* 마술사
- **oyster** [ɔ́istər] *n.* 굴
- **shortcomings** *n.* 약점, 결점

연결부사와 정도부사
How much

lately [léitli] 0726	*adv.* 최근에 (recently) 📌 late *adj./adv.* 늦은 / 늦게; be late for ~에 늦다
finally [fáinəli] 0727	*adv.* 마침내, 결국 (at last, in conclusion) 📌 final *adj.* 최종의
equally [íːkwəli] 0728	*adv.* ① 똑같이 (just as) ② 그와 동시에, 한편으로 📌 equal *adj.* 똑 같은, 동등한; an equal sign 등호 (=)
immediately [imíːdiətli] 0729	*adv.* 즉시 (at once) immediately after ~직후에 📌 immediate *adj.* 즉각적인
afterwards [ǽftərwərdz] 0730	*adv.* 후에 (later) shortly afterwards (앞서 언급한 상황) 직후에 📌 after *prep./conj.* ~후에
besides [bisáidz] 0731	*adv.* 게다가, 덧붙여 (in addition) *prep.* ~외에도 besides N / -ing ~외에도 📌 beside *prep.* ~옆에
eventually [ivéntʃuəli] 0732	*adv.* 궁극적으로, 결국 (finally, in the end) 📌 eventual *adj.* 궁극적인 (ultimate)
however [hauévər] 0733	*adv.* 그러나 *conj.* 아무리 ~할지라도 (no matter how) 📌 how ever 도대체 어떻게; How ever did you say that? 도대체 어떻게 그런말을 했니?
instead [instéd] 0734	*adv.* 그 대신(에) instead of N / -ing ~대신에 / ~하지 않고
likewise [làikwáiz] 0735	*adv.* ① 마찬가지로, 비슷하게 (similarly) ② 또한, 역시 do likewise 비슷하게 / 똑같이 하다
meanwhile [míːnhwàil] 0736	*adv.* 그 동안(에), 다른 한편으로 (in the meanwhile) 📌 while *conj.* ~하는 동안에
moreover [mɔːróuvər] 0737	*adv.* 게다가, 더욱이 (besides, furthermore)
really [ríːəli] 0738	*adv.* 정말로, 진짜로 📌 real *adj.* 진실의; reality *n.* 진실; realize *vt.* 깨닫다, 실현하다
completely [kəmplíːtli] 0739	*adv.* 완전히, 전적으로 (totally) 📌 complete *adj./vt.* 완전한 / 완성하다
extraordinarily [ikstrɔ̀ːrdənérəli] 0740	*adv.* 비상하게, 예외적으로 (↔ ordinarily) 📌 extraordinary *adj.* 비상한, 예외적인 (exceptional)

Day 30

0726 ♪ Have I told you **lately** that I love you? ♪ – Rod Stewart
It is <u>late</u> and you should go to bed.

0727 The young student **finally** passed the exam.

0728 The pie was **equally** divided into twelve pieces.

0729 The firefighters* **immediately** put out* the fire in the building.

0730 They decided to watch the movie **afterwards**.

0731 This product has many advantages **besides** its reasonable price.

0732 **Eventually**, they found the missing child in a remote site*.

0733 He was very tired. **However**, he could not sleep in the tent and stayed up* all night.
🎬 **However** humble* it may be, there is no place like home. 📖
– The Wizard of Oz

0734 **Instead** of the pasta, the waiter brought him a burnt T-bone steak.

0735 **Likewise**, she came to the party in a black evening dress.

0736 Install the printer program first. **Meanwhile** connect the printer to your PC.

0737 He bought a new car this month. **Moreover**, he already had four.

0738 He **really** wanted to win the race and practiced swimming for five hours a day.

0739 The windshield* of my car was **completely** broken due to the accident.
🎬 You <u>complete</u> me. 📖 – Jerry Maguire

0740 He studied **extraordinarily** hard to go to one of the best universities in the country.
🎬 Carpe diem(Seize the day)! Make your lives <u>extraordinary</u>. 📖
– Dead Poets Society

absolutely [ǽbsəlúːtli] 0741	*adv.* 절대적으로, 전적으로 파 absolute *adj.* 절대적인
extremely [ikstríːmli] 0742	*adv.* 극단적으로 파 extreme *adj.* 극단의
positively [pázətivli] 0743	*adv.* ① 단호히, 명확하게(definitely) ② 긍정 / 낙관적으로 파 positive *adj.* 긍정적인(↔ negative), 결정적인
altogether [ɔ̀ːltəgéðər] 0744	*adv.* ① 전적으로 ② 전체적으로, 모두 합쳐(all in all) 파 together *adv.* 함께; all together 모두 함께
enormously [inɔ́ːrməsli] 0745	*adv.* 엄청나게, 방대하게(규모, 양, 정도) 파 enormous *adj.* 엄청난, 방대한(huge, massive, vast)
largely [láːrdʒli] 0746	*adv.* 주로, 대체로(mainly, as a rule, by and large) 파 large *adj.* 커다란 (↔ small)
moderately [mádərətli] 0747	*adv.* 알맞게, 적당히(reasonably) 파 moderate *adj.* 적당한, 알맞은
nearly [níərli] 0748	*adv.* 거의(almost, all but) 파 near *adv.* 가까이 *adj.* 가까운
somewhat [sʌ́mhwʌ̀t] 0749	*adv.* 다소, 좀 파 somehow *adv.* 어떻게든, 웬일인지
virtually [vɜ́ːrtʃuəli] 0750	*adv.* 사실상, 실제로는 파 virtual *adj.* 가상의; virtual reality 가상 현실

0726 당신을 사랑한다고 제가 최근에 말한 적 있죠? - 로드 스튜어트의 노래 제목 늦었으니 가서 자라. 0727 그 어린 학생이 마침내 시험에 합격했다. 0728 그 파이가 똑같이 12조각으로 나뉘어졌다. 0729 소방관들이 그 건물의 화재를 즉시 진압했다. 0730 그들은 나중에 그 영화를 보기로 결정했다. 0731 이 제품은 많은 장점이 있는데다 가격까지 저렴하다. 0732 결국에는 그들이 외딴 곳에서 미아를 찾아냈다. 0733 그는 매우 지쳤다. 하지만 그 텐트 안에서 잘 수가 없어서 밤을 샜다. 아무리 누추하다 하더라도 집 같은 데는 없다. - The Wizard of Oz (오즈의 마법사)중에서 0734 그 웨이터는 파스타 대신에 구운 티본 스테이크를 그에게 가져왔다. 0735 마찬가지로, 그녀도 검은색 이브닝드레스를 입고 파티에 왔다. 0736 먼저 프린터 프로그램을 설치해라. 그 동안 프린터를 컴퓨터에 연결해라. 0737 그는 이달에 새 차를 구입했다. 더욱이 이미 4대나 있는데도. 0738 그는 진정으로 우승길 원했기 때문에 하루에 다섯 시간씩 수영연습을 했다. 0739 그 사고 때문에 내 차 앞 유리가 완전히 박살났다. 당신은 나를 완벽하게 만든다. - Jerry Maguire 중에서 0740 그는 국내 최고 대학에 들어가기 위해 정말로 열심히 공부했다. (하루 하루를) 즐겨라! 여러분들의 삶을 비범하게 만들어라. - Dead Poets Society 중에서 0741 그는 그 보물이 그 섬에 묻혀있을 거라고 전적으로 확신했다. 0742 그는 너무 바빠서 지금 전화연락이 안된다. 0743 ①나는 그가 항상 긍정적으로 생각하기 때문에 좋아한다. ②긍정적인 태도가 성공하는데 필요하다. 0744 ①저 선물을 모두 포장해주세요. ②가격은 모두 200달러입니다. 0745 그의 삔 발목이 엄청나게 부었다. 0746 그 프로젝트가 실패한 것은 주로 인력부족 때문이었다. 0747 올해 수익이 적당히 올랐다. 0748 그 최고경영자는 지난해 거의 파산을 선고할 뻔 했다. 0749 그 남자는 평소 좀 이상한 모습으로 존다. 0750 그렇게 짧은 기간에 그 일을 끝내는 것은 사실상 불가능하다.

0741	He was **absolutely** sure that the treasure was buried on that island.
0742	He is **extremely** busy and cannot come to the phone right now.
0743	① I like him because he always thinks **positively**. ② A <u>positive</u> attitude is necessary in order to succeed.
0744	① I want those gifts to be wrapped **altogether**. ② The price **altogether** is $200.
0745	His sprained ankle was **enormously** swollen.
0746	The failure of the project was **largely** due to the lack of manpower.
0747	This year's profit rose **moderately**.
0748	The CEO **nearly** declared bankruptcy* last year.
0749	The man usually falls asleep **somewhat** strangely.
0750	It is **virtually** impossible to finish the task in such a short period.

Pop Quiz (30)

1. lately
2. immediately
3. eventually
4. instead
5. moreover
6. really
7. positively
8. largely
9. enormously
10. somewhat

Ⓐ 주로
Ⓑ 긍정적으로
Ⓒ 최근에
Ⓓ 다소, 좀
Ⓔ 엄청나게
Ⓕ 궁극적으로
Ⓖ 정말로
Ⓗ 대신에
Ⓘ 게다가
Ⓙ 즉시

- **firefighter** *n.* 소방관
- **put out** (화재) 진압하다, 끄다(extinguish)
- **a remote site** 외딴 곳
- **stay up** (자지 않고) 밤을 새다
- **humble** *adj.* 초라한, 누추한
- **windshield** *n.* (자동차 앞쪽의) 방풍 유리
- **bankruptcy** [bǽŋkrʌptsi] *n.* 파산

Practice Test (6)

다음 문장에서 강조된 단어와 의미가 가장 가까운 것을 고르시오.

1 He was able to `resolve` their financial problems.
　ⓐ add　　　　　ⓑ establish　　　　ⓒ charge　　　　ⓓ solve

2 It is `hard` to tell whether she is satisfied or not.
　ⓐ firm　　　　　ⓑ solid　　　　　ⓒ easy　　　　　ⓓ difficult

3 She could not feel `pity` for the man any longer.
　ⓐ sorry　　　　　ⓑ good　　　　　ⓒ happy　　　　　ⓓ convenience

4 The young boy was left all `alone` in the mansion.
　ⓐ in himself　　　ⓑ by himself　　　ⓒ beside himself　　ⓓ of himself

5 The opening ceremony of the 2006 Torino Winter Olympics was broadcast to the `entire` world.
　ⓐ small　　　　　ⓑ large　　　　　ⓒ whole　　　　　ⓓ part

6 The boy who acted in an `ill`-manner was punished by his mother.
　ⓐ sick　　　　　ⓑ well　　　　　ⓒ bad　　　　　ⓓ good

7 He is illiterate because he `never` received a proper education.
　ⓐ all but　　　　ⓑ nothing but　　　ⓒ anything but　　　ⓓ cannot but

8 We `decided` to put off our trip to the eastern coast till next weekend.
　ⓐ made up our mind　ⓑ planned　　　　ⓒ went　　　　　ⓓ took

9 You cut in on us again, boy. I said it is very `rude` to do so.
　ⓐ easygoing　　　ⓑ impolite　　　　ⓒ hurried　　　　ⓓ kind

10 That was the `chief` reason why he could not go there.
　ⓐ leader　　　　ⓑ head　　　　　ⓒ cook　　　　　ⓓ main

Ultra-basic Word 6

give, take

 give [giv] gave-given

vt. ① ~을 주다, 제공하다
He is willing to give anything to her.

② ~에게 ~을 주다
I gave her my new MP3 player.
Please give it to me.
Please give me it. (X)

phr. v. give an answer 대답하다   give the ball a kick 공을 차다
give (sb.) a wink ~에게 윙크하다   give (sb.) a smile (~에게) 미소짓다
give advice 충고하다   give an example 예를 들다

 take [teik] took-taken

vt. ① 잡다, 받다
The kid took her mother in her hand.

② 가지고 / 데리고 가다
It's raining, and so take this umbrella with you.

③ (시간) 걸리다
It will take at least two months to finish the project.

④ (탈 것) 타다
They took a taxi in a hurry.

⑤ (시험 등) 치르다
I am going to take my driving test tomorrow.

n. 받기
give and take 주고 받기

phr. v. take a shower 샤워하다   take a walk 산책하다
take a holiday 휴가 가다   take the risk 위험을 감수하다
take a picture / photograph of ~를 사진 찍다

PART D | Day 31 - Day 40

–ed형 분사형용사

pleased [pli:zd] 0751	*adj.* 좋아하는, 만족스러운 be pleased with ~로 기쁘다 please *vt.* 기쁘게 하다 *adv.* 부디; pleasure *n.* 기쁨
excited [iksáitid] 0752	*adj.* 흥분한 be excited at/by ~에 흥분하다 excite *vt.* 흥분시키다; exciting *adj.* 흥미진진한
worried [wə́:rid] 0753	*adj.* 우려하는, 걱정하는 (anxious) be worried about ~을 우려하다 worry *n./vt.* 우려(하게 하다); worriedly *adv.* 우려하여
civilized [sívəlàizd] 0754	*adj.* ① 문명화된 ② 세련된, 교양 있는 civil *adj.* 문명의, 시민의; a civil servant 공무원
forgiven [fərgívən] 0755	*adj.* 용서받은 (excused) be forgiven for ~ (잘못)을 용서받다 forgiveness *n.* 용서; forgive *vt.* 용서하다
mixed [mikst] 0756	*adj.* 뒤섞인, 혼합된 be mixed up 혼란스럽다 mix *vt.* 섞다; mixture *n.* 혼합(물)
noted [nóutid] 0757	*adj.* 잘 알려진, 유명한 (well-known, famous) be noted for ~로 유명하다 note *n.* ① 메모 ② 주목; take note of ~을 주목하다
advanced [ædvǽnst] 0758	*adj.* ① 발전된, 최신의(up-to-date) ② (학업) 고급의 an advanced level 고급단계 advance *v./n.* 발전 (하다)
convinced [kənvínst] 0759	*adj.* 확신하는 be convinced of / that ~을 확신하다 convince *vt.* 확신시키다
crowded [kráudid] 0760	*adj.* 혼잡한, 붐비는 (↔ empty) be crowded with ~로 붐비다 crowd *n.* 군중
disgusted [disgʌ́stid] 0761	*adj.* 역겨운, 싫증난 be disgusted at / by ~에 짜증이 나다 disgust *n.* 역겨움; disgusting *adj.* 역겨운
confused [kənfjú:zd] 0762	*adj.* 혼란스런 confuse *vt.* 혼란스럽게 하다; confusing *adj.* 혼란스럽게 만드는
depressed [diprést] 0763	*adj.* 의기소침한, (경기가) 부진한 get depressed (about) (~에 대해) 낙담하다 depress *vt.* 낙담하게 하다
devoted [divóutid] 0764	*adj.* 헌신적인, 열성인 be devoted to N / -ing ~에 헌신하다 devote *vt.* 헌신시키다
distinguished [distíŋgwiʃt] 0765	*adj.* 눈에 띄는, 성공한, 유명한 distinguish *vt.* 구별하다; distinguish A from B A와 B를 구별하다

Day 31

0751 I'm **pleased** to say that you will be out of hospital* soon.

0752 He was **excited** by the news of getting promoted*.

0753 He is **worried** that she will not accept his proposal.

0754 We have to act in a very **civilized** manner.

0755 The child was **forgiven** by his parents for his wrongdoing.

0756 She ordered a **mixed** salad as an appetizer*.

0757 The **noted** author received one of the highest literature awards.

0758 He finished the **advanced** level book.

0759 The **convinced** jury* delivered a 'not guilty' verdict*.

0760 The restaurant was too **crowded**.

0761 She was **disgusted** by his ill-manners.

0762 He was even more **confused** when he heard her explanation.

0763 The man was deeply **depressed** when his business was on the point of going* bankrupt.

0764 The **devoted** Christian prayed to God every day.

0765 The **distinguished** gentleman gave a magnificent* speech.

enlightened [inláitnd] 0766	*adj.* 계몽된, 교양 있는 an enlightened attitude 교양있는 태도　ⓟ enlighten *vt.* 계몽하다
marked [mɑːrkt] 0767	*adj.* ① 표시된, 표적이 된　② 눈에 띄는(noticable) ⓟ mark *v.* 표시하다
neglected [nigléktid] 0768	*adj.* 무시된, 소외된 ⓟ neglect *v.* 무시하다, 소외시키다 *n.* 무시(↔ attention)
refined [rifáind] 0769	*adj.* ① 정제된　② 세련된 refined salt 정제염　ⓟ refine *vt.* 정제하다, 발전시키다
tired [taiərd] 0770	*adj.* 지친(exhausted), 싫증난(sick) be tired of ~에 싫증나다　ⓟ tire *vt.* 지치게 하다
beloved [bilʌ́vid] 0771	*adj.* 소중한, 사랑 받는(특정인의) my beloved wife 사랑하는 아내　ⓟ love *n./v.* 사랑(하다); loving *adj.* 사랑스러운(수식)
gifted [gíftid] 0772	*adj.* 재능 있는(talented) academically gifted 학문에 재능 있는　ⓟ gift *n.* 재능, 선물
guarded [gɑ́ːrdid] 0773	*adj.* ① 신중한(careful)　② 보호받는 in a guarded tone 신중한 어조로　ⓟ guard *vt.* 보호하다, 호위하다
indebted [indétid] 0774	*adj.* 빚진 be indebted to ~에게 신세를 지다　ⓟ debt *n.* 부채, 빚
retired [ritáiərd] 0775	*adj.* 은퇴한 a retired general 퇴역장군　ⓟ retire *v.* 은퇴하다, 물러나다

0751 곧 퇴원하게 될 거란 말씀을 드리게 되어 기쁩니다. 0752 그는 승진할 거란 소식에 흥분했다. 0753 그는 그녀가 청혼을 받아들이지 않을까 걱정한다. 0754 우리는 매우 세련된 방식으로 행동해야 한다. 0755 그 아이는 자신의 나쁜 행동에 대해 부모로부터 용서를 받았다. 0756 그녀는 전채요리로 혼합샐러드를 주문했다. 0757 그 저명한 작가는 최고 문학상 가운데 하나를 수상했다. 0758 그는 고급단계의 책을 끝냈다. 0759 (무죄를) 확신한 배심원단은 '무죄' 평결을 내렸다. 0760 그 식당은 너무 혼잡했다. 0761 그녀는 그의 나쁜 태도가 몹시 거슬렸다. 0762 그는 그녀의 설명을 듣자 더욱 헷갈렸다. 0763 그 남자는 회사가 파산 직전에 이르자 크게 우울해했다. 0764 그 열성적인 교인은 매일 하나님께 기도를 드렸다. 0765 그 성공한 신사가 기막힌 연설을 했다. 0766 그는 세련된 태도로 많은 친구들을 갖게 되었다. 0767 그 표기된 상자가 그에게 직접 배달되었다. 0768 그 소외된 아이가 집에서 뛰쳐나갔다. 0769 그 가족은 늘 세련된 태도로 말했다. 0770 그 프로그래머는 며칠 째 계속된 야근으로 매우 피곤해졌다. 0771 ① 그의 사랑하는 아내가 그에게 훌륭한 선물을 주었다. ② 제인은 학급에서 인기가 높은 사랑스런 소녀다. 0772 그 재능있는 선수가 결국 우승을 차지했다. 0773 그 학자는 경호원 두 명의 호위 속에 신중한 어조로 대답했다. 0774 그는 그녀의 생명의 은인이었다. 0775 그 퇴역장군이 국가에 봉사한 공로로 훈장을 받았다.

0766 His **enlightened** attitude enabled him to have a lot of friends.

0767 The **marked** case was delivered to him in person.

0768 The **neglected** child ran away from home.

0769 The family always talked in a very **refined** manner.

0770 The programmer was very **tired** after continuously working late for days.

0771 ① His **beloved** wife gave him a wonderful present.
② Jane is a **loving** girl who is very popular in her class.

0772 The **gifted** athlete finally won the race.

0773 The scholar **guarded** by two bodyguards answered in a **guarded** tone.

0774 She was **indebted** to him for life.

0775 The **retired** general received a medal for his services to his country.

Pop Quiz (31)

1. excited   •   Ⓐ 재능 있는
2. civilized   •   Ⓑ 소외된
3. mixed   •   Ⓒ 흥분한
4. noted   •   Ⓓ 문명화된
5. crowded   •   Ⓔ 헌신적인
6. devoted   •   Ⓕ 혼잡한
7. neglected   •   Ⓖ 지친
8. tired   •   Ⓗ 빚진
9. gifted   •   Ⓘ 뒤섞인
10. indebted   •   Ⓙ 유명한

- **be out of hospital** 퇴원하다
- **promote** *v.* 승진하다
- **appetizer** [ǽpitàizər] *n.* 전채요리, 에피타이저
- **jury** *n.* 배심원단
- **verdict** [və́:rdikt] *n.* 평결
- **be on the point of -ing** ~의 직전에 몰리다
- **magnificent** [mægnífəsnt] *adj.* 눈부신

–ing형 분사형용사

amazing [əméiziŋ] 0776	*adj.* 놀라운(very surprising, 긍정), 경이로운 amaze *vt.* 놀라게 하다; be amazed by / at / that ~에 놀라다
interesting [íntərəstiŋ] 0777	*adj.* 흥미로운, 재미있는 interest *n.* 관심 *vt.* 재미있게 하다; uninterested *adj.* 무관심한; disinterested *adj.* 사심 없는
amusing [əmjúːziŋ] 0778	*adj.* 우스운, 웃기는 amuse *vt.* 웃기다; amusement *n.* 오락
annoying [ənɔ́iiŋ] 0779	*adj.* 화나는, 짜증나는 annoy *vt.* 화나게 하다; be annoyed 짜증나다
shocking [ʃákiŋ] 0780	*adj.* 충격적인, 오싹하는 shock *n./vt.* 충격(을 주다); be shocked 충격을 받다
boring [bɔ́ːriŋ] 0781	*adj.* 따분한, 지겨운(dull ↔ interesting) bore *vt.* 따분하게 하다; be bored with ~에 따분해 하다
disappointing [dìsəpɔ́intiŋ] 0782	*adj.* 실망스러운, 실망시키는 disappoint *vt.* 실망시키다; be disappointed with ~에 실망하다
alarming [əláːrmiŋ] 0783	*adj.* 놀라운, 심상치 않은, 경각심을 불어넣는 alarm *n./vt.* 경각(시키다), 놀라게 하다; an alarm clock 자명종시계
charming [tʃáːrmiŋ] 0784	*adj.* 매력적인(attractive) charm *n.* 매력 *vt.* 매료 시키다; be charmed 매료되다
refreshing [rifréʃiŋ] 0785	*adj.* 상쾌한, 참신하게 하는 a refreshing change 참신한 변화 refresh *vt.* 상쾌하게 하다
satisfying [sǽtisfàiiŋ] 0786	*adj.* 만족스런, 만족시키는 satisfy *vt.* 만족시키다; be satisfied with ~에 만족하다 (be content with)
stimulating [stímjulèitiŋ] 0787	*adj.* 자극하는, 활기를 띠게 하는(exciting, stirring) stimulate *vt.* 자극하다; stimulus *n.* 자극
striking [stráikiŋ] 0788	*adj.* ① 현저한, 인상적인(marked, impressive) ② 파업중인 strike *vt.* 때리다(hit) *n.* 파업; go on a strike 파업하다
bleeding [blíːdiŋ] 0789	*adj.* 피 흘리는, 유혈이 낭자한 *n.* 출혈 bleed *v.* 피흘리다; blood *n.* 피
blooming [blúːmiŋ] 0790	*adj.* ① 꽃피는 ② 번성한 bloom *v.* 꽃이 피다 *n.* 꽃(flower), 개화; be in bloom 꽃피다

Day 32

0776 ♪ **Amazing** grace, how sweet the sound. That saved a wretch like me. ♪
– *Amazing Grace, Nana Mouskouri*
The blockbuster movie* <u>amazed</u> the youngsters.

0777 It is a very **interesting** subject that we have always been <u>interested</u> in.

0778 ① He is a very **amusing** person.
② The clown* <u>amused</u> the children at the birthday party.

0779 ① The game started after an **annoying** delay.
② He looked <u>annoyed</u> with himself.

0780 The stock value kept decreasing after the **shocking** incident.

0781 The lecture* was very **boring**.

0782 He was <u>disappointed</u> by the **disappointing** result of the experiment.

0783 ① The computer virus spread at an **alarming** rate.
② The old woman was <u>alarmed</u> by the loud noise outside.

0784 His date* for the Christmas party was very **charming**.

0785 The cold orange juice was very **refreshing**.

0786 ① We were very happy with the **satisfying** result.
② She was <u>satisfied</u> with her test result.

0787 Last night's baseball game was very **stimulating**.

0788 Her talent is even more **striking** in music than in art.

0789 The doctors could not stop the internal* **bleeding**.

0790 The flowers are **blooming** on the other side of the hill.

booming [búːmiŋ] 0791	*adj.* 호황의 🔗 boom *n./v.* 호황(을 보이다); be booming 호황 / 강세를 보이다
dying [dáiiŋ] 0792	*adj.* 죽어가는(↔ alive) a dying business 사양 산업 🔗 die *v.* 죽다(be dead)
engaging [ingéidʒiŋ] 0793	*adj.* 매력 있는, 끌어당기는 🔗 engage *v.* (일에) 종사하다, (주의) 끌다, 약혼하다
existing [igzístiŋ] 0794	*adj.* 기존의, 존재하는 🔗 exist *v.* 존재하다; existence *n.* 존재; human existence 인간
impending [impéndiŋ] 0795	*adj.* 임박한(imminent, coming)
halting [hɔ́ːltiŋ] 0796	*adj.* 주저하는(hesitant), (말을) 더듬거리는 speak in halting English 더듬거리는 영어로 말하다 🔗 halt *n./v.* 중단 (하다)
neighboring [néibəriŋ] 0797	*adj.* 인근의, 이웃하는 🔗 neighbor *n./v.* 이웃 (하다, 사람); neighborhood *n.* 이웃 (공간)
prevailing [privéiliŋ] 0798	*adj.* ① 우세한 ② 널리 퍼진(widespread), 일반적인 the prevailing attitude 일반적인 태도 🔗 prevail *v.* 우세하다
recurring [rikə́ːriŋ] 0799	*adj.* 재발하는 frequently recurring 빈번히 재발하는 🔗 recur *v.* 재발하다
aging [éidʒiŋ] 0800	*adj.* 늙어가는, 노후되는(ageing) *n.* 노화 🔗 age *n./v.* 나이(를 먹다), 시대

0776 🎵 놀라우신 주심의 은총. 그 얼마나 달콤한가. 나 같은 불쌍한 영혼을 구해주시네. 🎵 – 나나 무스꾸리의 Amazing Grace중에서. 그 초대형 흥행영화가 젊은이들을 깜짝 놀라게 했다. 0777 그것은 우리가 평소 관심을 가져 온 매우 흥미로운 주제이다. 0778 ① 그는 매우 재미난 사람이다. ② 그 어릿광대가 생일파티에서 아이들을 즐겁게 해주었다. 0779 ① 짜증나는 지연 끝에 경기가 시작됐다. ② 그는 자기 자신에게 짜증난 듯 보였다. 0780 그 충격적인 사건 이후 주가가 계속 하락했다. 0781 그 강의는 매우 따분했다. 0782 그는 실망스런 실험 결과에 실망했다. 0783 ① 그 컴퓨터 바이러스가 심상치 않은 속도로 확산되었다. ② 그 할머니는 밖에서 나는 시끄러운 소리에 놀랐다. 0784 그의 크리스마스 파티 데이트 상대는 매우 매력적이었다. 0785 그 차가운 오렌지 주스는 매우 상큼했다. 0786 ① 우리는 그 만족스런 결과에 매우 기뻤다. ② 그녀는 시험결과에 만족했다. 0787 어제 밤 야구경기가 매우 흥미진진했다. 0788 그녀의 재능은 미술보다는 음악에서 훨씬 돋보였다. 0789 그 의사들은 장출혈을 멈추게 하지 못했다. 0790 꽃들이 언덕의 다른 한편에서 피고 있다. 0791 그 나라의 경제가 지난 해 이후로 계속 호황을 보이고 있다. 0792 그 폐암 환자가 고통스럽게 죽어가고 있다. 🎵 죽어버린 스물 다섯 살 여인에 대해 무슨 말을 할 수 있을까요? 그녀는 아름답고 똑똑했으며, 모짜르트와 바하, 비틀즈, 그리고 나를 사랑했다고 밖에. 🎵 – Love Story 중에서 0793 그녀는 (사람을 끌어당기는) 매력적인 미소를 가졌다. 0794 기존의 옛건물이 다음 달 해체될 예정이다. 0795 그 점쟁이는 그 부부에게 임박한 위험을 알렸다. 0796 그 소심한 투자가는 계속해서 최종 결정을 머뭇거렸다. 0797 두 이웃국가는 5년여 동안 전쟁 중이다. 0798 강 쪽에서 불어오는 우세한 바람이 아침 조깅하는 동안 나를 떨게 만들었다. 0799 두통이 계속 재발하면서 그를 괴롭혔다. 0800 모든 사람은 노화를 막고 젊음을 유지하길 원한다.

0791 The economy of the country has kept **booming** ever since last year.

0792 The patient with lung cancer was **dying** painfully.
   What can you say about a 25-year-old girl who <u>died</u>? That she was beautiful and brilliant, that she loved Mozart and Bach and Beatles and me.
   – Love Story

0793 She has an **engaging** smile.

0794 The **existing** old building is scheduled to be destroyed next month.

0795 The fortuneteller warned the couple of the **impending** danger.

0796 The timid* investor kept **halting** in making his final decision.

0797 The two **neighboring** countries were at war for more than five years.

0798 The **prevailing** wind from the river made me shiver* while I jogged in the morning.

0799 His headache kept **recurring**.

0800 All men and women want to stop the **aging** process and to stay young.

Pop Quiz (32)

1. interesting • — A 실망스러운
2. amusing • — B 피 흘리는
3. disappointing • — C 이웃하는
4. boring • — D 기존의
5. satisfying • — E 웃기는
6. bleeding • — F 흥미로운
7. booming • — G 호황의
8. dying • — H 따분한
9. existing • — I 만족스러운
10. neighboring • — J 죽어가는

- a blockbuster movie 초대형 흥행영화
- clown n. 어릿광대
- lecture n./v. 강의(하다)
- date n. 데이트 상대
- internal adj. 체내의
- timid adj. 소심한
- shiver [ʃívər] v. 떨다

주의해야 할 형용사와 부사 - I

last [læst] 0801	*adj./adv./n.* 마지막(의 / 으로), 지난 *vi.* 지속되다(get through) last month 지난 달; at last 결국(finally) █ latest *adj.* 최신의
sensible [sénsəbl] 0802	*adj.* 지각/분별력 있는, 현명한 █ sense *n./v.* 감각 / 인식(하다); sensitive *adj.* 민감한; be sensitive to ~에 민감하다
alike [əláik] 0803	*adj./adv.* 똑같은(서술) / 똑같이, 동등하게(equally) look alike 똑같아 보이다; alike jackets(x)
clear [kliər] 0804	*adj.* 깨끗한, 분명한 *vt.* (오물 등) 제거하다 clear sky 맑은 하늘; clear the table 테이블을 닦다
close [klouz] 0805	*adj.* 가까운 *vt.* (문, 사업) 닫다 be close to ~에 가깝다 █ closing *n.* 닫기, 폐점; closed *adj.* 닫힌
hardly [háːrdli] 0806	*adv.* 거의 ~하지 않다 (rarely, seldom) █ hard *adj./adv.* 단단한 / 열심히; hardness *n.* 단단함
reasonable [ríːzənəbl] 0807	*adj.* ① 합리적인 ② (가격이) 저렴한 (inexpensive) █ reason *n.* 이성, 이유; reasonably *adv.* 합리적으로
inside [insáid] 0808	*adj./adv.* 내부의 / 내부에서(↔ outside) *prep.* ~의 안에서 inside out 거꾸로; inside the building 실내에서
straight [streit] 0809	*adj./adv.* 일직선의 / 일직선으로 in a straight line 일직선으로; go straight 곧장 가다; straightly(X)
tight [tait] 0810	*adj./adv.* 팽팽한 / 히, (옷이) 꼭 끼는 / 끼어(↔ loose) █ tightly *adv.* 꽉, 팽팽하게; hold tight(ly) 꽉 잡다
bitter [bítər] 0811	*adj.* ① (입에) 쓴 ② 쓰라린, 고통스런 █ bitterly *adv.* 고통스럽게; bitterness *n.* 쓰라림
extra [ékstrə] 0812	*adj.* 여분의, 부가적인(additional) *adv.* 부가적으로 extra cash 여분의 돈; be extra kind 특히 친절하다
fast [fæst] 0813	*adj./adv.* 빠른 / 빨리(quick / quickly) a fast runner 빠른 주자; run fast 빨리 달리다; fastly(x)
forward [fɔ́ːrwərd] 0814	*adj./adv.* 전방의 / 으로 look forward 전방을 보다 █ forwards *adv.* 앞으로
high [hai] 0815	*adj./adv.* 높은 / 높이 *n.* 최고 기온 a high wall 높은 담장 *cf.* a tall building 높은 건물 █ highly *adv.* 매우

Day 33

0801　He waited until the **last** minute to tell the secret.

0802　You know? The most **sensible** approach is to watch and wait* in this situation.

0803　The twins were very much **alike**.

0804　The **clear** sky and cool breeze were ideal for a picnic.

0805　① The two friends are very **close**.
　　　② The office opens at nine a.m. and **closes** at six p.m.
　　　③ The door is **closed**.

0806　The spoiled* kid **hardly** ever listened to his teachers.

0807　If your offer is **reasonable**, I will sign the contract right away.

0808　♪ And do I dream again? For now I find the Phantom of the Opera is there **inside** my mind. ♪
　　　- The Phantom of the Opera, Sarah Brightman
　　　The kid often wears his sweater **inside** out.

0809　It's easy to draw a **straight** line if you have a ruler.

0810　The CEO has a very **tight** schedule.

0811　The loss to their rival team was **bitter** and sour*.

0812　Do you have an **extra** pen I can borrow?

0813　He can run very **fast**. (=He is a very **fast** runner.)

0814　He pushed the lever on the boat **forward** in order to gain more speed.

0815　① How **high** can you jump?
　　　② Today's **high** will be around 27 degrees Celsius.

overseas [òuvərsíːz] 0816	*adj./adv.* 해외의(foreign) / 해외로(abroad) an overseas student 외국 유학생; travel overseas 해외 여행하다
rarely [réərli] 0817	*adv.* 거의 ~하지 않다 (hardly, seldom) rare *adj.* 드문 (uncommon), 살짝 구운
aboard [əbɔ́ːrd] 0818	*adv.* 탑승하여(on board) *prep.* ~을 타고 get aboard the train 기차를 타다 board *v.* (배, 비행기에) 타다
abroad [əbrɔ́ːd] 0819	*adv.* 해외로(overseas) go abroad 해외로 가다 broad *adj.* 넓은
inner [ínər] 0820	*adj.* 내부의(inside ↔ outer) inner city 도심 (대도시 중심부의 저소득층 주거지역)
lower [lóuər] 0821	*adj.* 아래쪽의(둘로 나뉜 대상에서 ↔ upper) *vt.* 낮추다 (↔ raise) the lower body 하반신 low *adj./adv.* 낮은 / 낮게
primary [práimeri] 0822	*adj.* ① 기초의, 초보적인 ② 주된(main) a primary school 초등학교 primarily *adv.* 기본적으로, 주로
special [spéʃəl] 0823	*adj.* 특별한, 특수한(exceptional ↔ ordinary, normal) specially *adv.* 특히, 특별히(제작된); especially *adv.* 특히, 특히 ~한 경우에
upper [ʌ́pər] 0823	*adj.* 위쪽의(↔ lower) the upper body 상반신; the upper class 상류층
utmost [ʌ́tmòust] 0825	*adj./n.* 최고(의), 최대한(의) to the utmost 최대한으로

0801 그는 비밀을 털어놓기 위해 최후의 순간까지 기다렸다. 0802 너 아니? 가장 현명한 해법은 현 상황을 가만히 지켜보는 거라는 걸. 0803 그 쌍둥이는 매우 똑같다. 0804 맑은 하늘과 선선한 바람은 소풍을 가기에 이상적이었다. 0805 ① 그 두 친구는 매우 가깝다. ② 그 사무실은 오전 9시에 문을 열어 오후 6시에 닫는다. ③ 그 문이 닫혔있다. 0806 그 못된 아이는 선생님 말씀을 거의 들으려 하지 않았다. 0807 당신의 제안이 타당하다면 즉시 계약서에 서명하겠소. 0808 🎵 나는 다시 꿈을 꾸나요? 지금 나는 오페라의 유령이 거기, 바로 내 마음 속에 있다는 것을 알게 되었어요. 🎵 – 사라 브라이트만의 the Phantom of the Opera 중에서. 그 꼬마는 종종 스웨터를 뒤집어 입는다. 0809 자가 있으면 쉽게 일직선을 그을 수 있다. 0810 그 최고경영자는 매우 바쁜 일정을 갖고 있다. 0811 경쟁상대에 패한 것은 참으로 원통했다. 0812 나한테 빌려 줄 여분의 펜이니? 0813 그는 매우 빨리 달릴 수 있다. 0814 그는 속도를 올리기 위해 배의 레버를 앞으로 밀었다. 0815 ① 얼마나 높이 점프할 수 있니? ② 오늘 최고기온은 섭씨 27도 가량이 될 것입니다. 0816 ① 그는 해외마케팅을 담당하고 있다. ② 나는 해외에 가 본 적은 없지만 세계여행을 하고 싶다. 0817 ① 그는 아침시간의 교통혼잡 때문에 좀처럼 차를 가지고 출근하지 않는다. ② 스테이크를 어떻게 구워드릴까요? 덜 구운 것과 중간, 바싹 구운 것 중에서. 0818 그는 시간에 맞춰 배를 타고 갔다. 0819 그녀는 해외에서 오랫 동안 공부했다. 0820 내적인 아름다움이 외모보다 중요하다. 0821 그 양말을 아래쪽 서랍에 넣어라. 0822 온라인판매가 우리의 주요 수입원이다. 0823 ① 그는 매우 특별한 장소에서 그녀에게 청혼하길 원했다. ② 이 특별 제작된 오디오장치는 특히 학생들에게 좋을 겁니다. 그것은 특히 초등학생일 경우, 더욱 좋습니다. 0824 나는 경기장 위쪽에 두 자리를 예약했다. 0825 교육은 오늘날 가장 중요한 의제 가운데 하나이다.

0816	① He is in charge of the **overseas** marketing. ② I have never been **overseas** but would like to travel around the world.
0817	① He **rarely** drives to work because of the heavy traffic in the morning. ② How do you like your steak: rare, medium, or well-done?
0818	He went **aboard** the ship just in time.
0819	She studied **abroad** for a long time.
0820	**Inner** beauty is more important than the outward appearance.
0821	Put the socks in the **lower** drawer*.
0822	Online sales are our **primary** source of income*.
0823	① He wanted to propose to her at a very **special** place. ② This specially designed audio system, especially, would be good for the school kids. It would be specially / especially good, especially if they are elementary students.
0824	I reserved* two seats in the **upper** deck* of the stadium.
0825	Education is one of the subjects of **utmost** importance today.

Pop Quiz (33)

1. sensible • Ⓐ 꼭 끼는
2. close • Ⓑ 가까운
3. reasonable • Ⓒ 전방으로
4. inside • Ⓓ 해외로
5. tight • Ⓔ 빠른
6. fast • Ⓕ 분별력 있는
7. forward • Ⓖ 특별한
8. overseas • Ⓗ 아래쪽의
9. lower • Ⓘ (가격)저렴한
10. special • Ⓙ 내부의

- watch and wait 가만히 지켜보다
- spoiled *adj.* 망친, 못된
- bitter and sour 분하고 원통한
- drawer[drɔ́:ər] *n.* 서랍
- source of income 수입원
- reserve[rizə́:rv] *vt.* 예약하다
- the upper deck 위층

주의해야 할 형용사와 부사 - II

natural [nǽtʃərəl] 0826	*adj.* ① 자연스러운 ② 당연한 nature *n.* 자연; naturally *adv.* 자연스럽게, 당연하게
fit [fit] 0827	*adj.* 건강한, 적합한 *vt./n.* 적합 (하다), (옷)맞다 fitness *n.* 체력 *cf.* suit *vt.* (옷) 잘 맞다, 어울리다
dear [diər] 0828	*adj.* ① 소중한(beloved) ② 비싼 (expensive) dearly *adv.* 소중하게, 끔찍이, 비싸게
through [θru:] 0829	*adv.* 통과하여, 곧장 *prep.* ~을 통하여 be through 끝나다; (from) Monday through Friday 월요일부터 금요일까지
rather [rǽðər] 0830	*adv.* 다소 rather than ~보다는 오히려; would rather V (than) (~보다) 차라리 ~하고 싶다
similar [símilər] 0831	*adj.* 유사한, 비슷한 be similar to ~와 유사하다 *cf.* the same *adj.* 완전히 똑 같은 similarity *n.* 유사
fair [fɛər] 0832	*adj.* 공정한 *n.* 박람회 fairly *adv.* 꽤(very), 공정하게 *cf.* fare[fɛər] *n.* (탈 것) 요금
plain [plein] 0833	*adj.* ① 분명한 (clear) ② (무늬) 단순한 ③ (생김새) 평범한 *n.* (-s)평지 in plain clothes 평상복 차림으로(제복이 아닌); on the plains 평원에서
painful [péinfəl] 0834	*adj.* (sth. 주어로) 고통을 주는, 고통스런 a painful experience 고통스런 경험 pain *n.* 고통
ashamed [əʃéimd] 0835	*adj.* 부끄러워하는 be ashamed of / to-inf ~을 / ~하는 것을 부끄러워하다 shame *n.* 부끄러움, 수치
far [fɑ:r] 0836	*adj./adv.* 먼(↔ near) / 멀리(거리, 정도) far from -ing 결코 ~하지 않다(never); by far 지금까지
alternative [ɔ:ltə́:rnətiv] 0837	*adj./n.* 대안(의), 대체의 alternatively *adv.* 다른 한편으로(otherwise); alternately *adv.* 번갈아, 교대로
instant [ínstənt] 0838	*adj.* 즉석의, *n.* 순간 (moment) for an instant 잠깐 동안 instantly *adj.* 즉시(immediately, at once)
suddenly [sʌ́dnli] 0839	*adj.* 갑자기, 예기치 않게(abruptly, unexpectedly) sudden *adj.* 갑작스런; *n.* 갑작스러움; all of a sudden 갑자기
beforehand [bifɔ́:rhænd] 0840	*adv.* 미리, 사전에(in advance) Don't be nervous beforehand. 미리부터 신경쓰지 마세요.

Day 34

0826   It is **natural** for us to be afraid of the dark.

0827   I'm not **fit** to lead our class this time.

0828   **Dear** my friends, we are gathered* to congratulate them on their marriage.

0829   We usually work Monday **through** Friday.

0830   I would **rather** die than live as a slave.
     ♪ The good times that I had makes today seem **rather** sad. ♪
       – Yesterday Once More, Carpenters

0831   Mysteriously enough, my last night's dream is very **similar** to one that my wife had exactly a year ago yesterday.

0832   ① I don't think the decision was **fair**.
     ② The foreign workers were unhappy because they were not treated <u>fairly</u>.

0833   He is a **plain** person without any special skills.

0834   The accident was one of the most **painful** experiences of my life.

0835   He was **ashamed** of his mistakes.

0836   How **far** is it from here to the station?
     The apple doesn't fall **far** from the tree. – Kill Bill: Vol 2

0837   ① I had to go there because there was no (other) **alternative**.
     ② <u>Alternatively</u>, you can also take the KTX to go to Busan.

0838   ① I don't like **instant** coffee.
     ② The people knew <u>instantly</u> that the man was an impostor*.

0839   He **suddenly** had a heart attack.

0840   You should read the manual* carefully **beforehand**.

nonetheless [nʌnðəlés] 0841	***adv.*** 그럼에도 불구하고(nevertheless)	
	cf. despite *prep.* ~에도 불구하고(in spite of)	
welcome [wélkəm] 0842	***adj.*** 환영 받는 ***vt./n.*** 환영(하다)	
	be welcome 환영 받다; Welcome to 장소 ~에 오신 걸 환영합니다	
contrary [kɔ́ntreri] 0843	***adj./n.*** 반대(의)	
	be contrary to ~와 상반되다; on the contrary 오히려, 반대로	
mere [miər] 0844	***adj.*** 단순한, 단지 ~에 불과한(simple, bare)	
	파 merely *adv.* 다만, 단지(just, only)	
always [ɔ́ːlweiz] 0845	***adv.*** 늘, 항상(constantly)	
	as always 늘 그렇듯, 여느 때처럼; Not always. 항상 그렇지는 않다.	
both [bouθ] 0846	***adj./conj.*** 둘 다(의), 두 가지/사람 모두의	
	both A and B A와B 모두의 *cf.* neither *adj.* 둘 다 ~하지 않는	
still [stil] 0847	***adv.*** ①아직도, 여전히 ②훨씬 ***adj.*** 정지한, 고요한	
	still more 훨씬 더 ~한 파 stillness *n.* 고요, 평온	
apparent [əpǽrənt] 0848	***adj.*** ①명백한(obvious) ②외견상의(seeming)	
	for no apparent reason 뚜렷한 이유 없이 파 apparently *adv.* 외견상	
immense [iméns] 0849	***adj.*** 방대한, 엄청난(enormous)	
	파 immensely *adv.* 엄청나게	
sufficient [səfíʃənt] 0850	***adj.*** 충분한(enough), 만족할 만한(satisfactory)	
	be sufficient for / to-inf ~에/~하기에 충분하다 반 insufficient *adj.* 불충분한	

0826 우리가 어둠을 두려워하는 것은 당연하다. 0827 이번에 내가 학급을 이끌기에 적절하지 않다. 0828 친애하는 친구 여러분, 우리는 그들의 결혼을 축하하기 위해 모였습니다. 0829 우리는 보통 월요일에서 금요일까지 일한다. 0830 노예로 사느니 차라리 죽음을 택하겠다. ♪ 과거 좋았던 시절이 오늘을 다소 슬프게 만드는 것 같다. ♪ – 카펜터즈의 Yesterday Once More 중에서 0831 신기하게도 어제 밤 내 꿈이 내 아내가 일년 전 어제 꾸었던 꿈과 매우 흡사하다. 0832 ①나는 그 결정이 공정했다고 생각하지 않는다. ②그 외국인 노동자들은 자신들이 정당하게 대우받지 못했기 때문에 슬펐다. 0833 그는 특별한 재주가 없는 평범한 사람이다. 0834 그 사고는 내 인생에서 가장 고통스러웠던 경험들 가운데 하나였다. 0835 그는 자신의 실수가 부끄러웠다. 0836 여기에서 정거장까지 거리가 얼마나 됩니까?  사과는 나무에서 멀리 떨어지지 않는다. (근본은 변하지 않는 법이다.)  – Kill Bill:Vol 2 중에서 0837 ①(다른) 대안이 없었기 때문에 내가 거기 가야했다. ②(그) 대신에 KTX를 타고 부산에 갈 수도 있다. 0838 ①나는 인스턴트커피를 좋아하지 않는다. ②그 사람들은 그 남자가 사기꾼이라는 것을 즉시 알아차렸다. 0839 갑자기 그가 심장발작을 일으켰다. 0840 먼저 사용설명서를 주의 깊게 읽어야 한다. 0841 그는 매우 열심히 시험공부를 했음에도 불구하고 시험에 떨어졌다. 0842 그 수상이 이웃나라를 방문했을 때 환영을 받았다. 0843 예상과는 반대로, 그 팀이 선수권대회에서 우승했다. 0844 그 콘서트 입장권은 10달러에 불과했다. 0845 ♪ 항상 밝은 면을 봐라. ♪ – As Good as it Gets 중에서 0846 ♪ 설사 당신이 나를 사랑하지 않는다 하더라도 제가 당신을 두 사람 못지않게 사랑하겠어요. ♪ – For Whom the Bell Tolls 중에서 0847 가족들이 한국으로 돌아왔음에도 불구하고 그는 여전히 뉴욕에 남아 있다. 0848 우리는 뚜렷한 이유 없이 많은 새들이 벌판에 죽어 있는 것을 발견했다. 0849 ①그 왕은 거대한 궁전에서 살았다. ②그는 그녀를 엄청나게 사랑했다. 0850 우리는 자금부족 때문에 충분한 식량과 물을 제공할 수 없었다.

0841 He studied very hard for the exam. **Nonetheless**, he failed.

0842 The Prime Minister* was **welcome** when he visited the neighboring country.

0843 **Contrary** to the prediction, the team won the tournament*.

0844 The ticket for the concert is a **mere** 10 dollars.

0845 **Always** look on the bright side. – *As Good as it Gets*

0846 If you do not love me, I love you enough for **both**.
– *For Whom the Bell Tolls*

0847 He is **still** in New York <u>even though</u> his family came back to Korea.

0848 We found lots of birds dead in the field for no **apparent** reason.

0849 ① The king lived in an **immense** palace.
② He was **immensely** in love with her.

0850 We could not supply **sufficient** food and water on account of the lack of money.

Pop Quiz (34)

①	natural	•	Ⓐ 다소
②	through	•	Ⓑ 즉석의
③	rather	•	Ⓒ 부끄러운
④	similar	•	Ⓓ 그럼에도 불구하고
⑤	ashamed	•	Ⓔ 방대한
⑥	instant	•	Ⓕ 자연스러운
⑦	beforehand	•	Ⓖ 여전히, 정지한
⑧	nonetheless	•	Ⓗ ~을 통하여
⑨	still	•	Ⓘ 유사한
⑩	immense	•	Ⓙ 미리

□ **gather** *vt.* 모으다
□ **impostor** *n.* 사기꾼
□ **manual** [mǽnjuəl] *n.* 사용설명서
□ **Prime Minister** 수상, 총리
□ **tournament** [tə́ːrnəmənt] *n.* 선수권대회

셀 수 없는 명사 - I

anger [ǽŋɡər] 0851	*n./vt.* 분노(케 하다) with anger 분노하여　angry *adj.* 화난
information [ìnfərméiʃən] 0852	*n.* 정보 a piece of information 한 개의 정보　inform *vt.* 알려주다
trust [trʌst] 0853	*n./vt.* 신뢰(하다), 신용(하다) trustful *adj.* 신뢰하는; trustworthy *adj.* 신뢰 할만한 (reliable)
environment [inváiərənmənt] 0854	*n.* 환경 (surroundings, situation) environment-friendly 환경 친화적인　environmental *adj.* 환경의
fear [fiər] 0855	*n.* 두려움, 공포　*vt.* ~을 두려워하다 fearful *adj.* 두려워하는, 무서운　*cf.* be afraid of ~을 두려워하다
power [páuər] 0856	*n.* 힘, 권력 power failure 정전 (blackout)　powerful *adj.* 강력한
security [sikjúərəti] 0857	*n.* ① 안전, 안보　② (-ties) 유가증권 a security guard 보안요원; social security 사회보장 제도　secure *adj.* 안전한
absence [ǽbsəns] 0858	*n.* 부재(不在 ↔ presence) absent *adj.* 결석한; be absent from ~에 결석하다
comfort [kʌ́mfərt] 0859	*n.* 편리, 위로(↔ discomfort)　*vt.* 위로하다 in comfort 편안하게　comfortable *adj.* 편리한(↔ uncomfortable)
experience [ikspíəriəns] 0860	*n./vt.* 경험(하다) experinced *adj.* 경험있는
faith [feiθ] 0861	*n.* ① 신뢰, 믿음　② 신앙 have faith in ~을 신뢰하다　faithful *adj.* 신뢰할만한
knowledge [nálidʒ] 0862	*n.* 지식, 앎 scientific knowledge 과학지식　knowledgeable *adj.* 식견 있는 (well-informed)
news [njuːz] 0863	*n.* 소식 a news agency 통신사; a piece of news 뉴스 한 꼭지
thought [θɔːt] 0864	*n.* ① (C) 생각 (idea)　② 명상　*v.* think의 과거, 과거분사 be in thought 생각에 잠기다
worth [wəːrθ] 0865	*n.* 가치 (value)　*prep.* ~의 가치가 있는 worthwhile *adj.* 가치있는(서술)　*cf.* the value of the house 그 집의 가치

Day 35

0851   I was overwhelmed* with **anger** when I was betrayed*.

0852   We need more **information** to process* your membership.

0853   **Trust** is one of the most important factors in our daily lives.

0854   This **environment** is not safe for young children.

0855   He absolutely has no **fear**.
   Fear can make you prisoner. Hope can set you free.
   – The Shawshank Redemption

0856   People get easily obsessed with* **power**.

0857   The police tightened the **security** around the airport.

0858   His **absence** caused an emotional stir* in the office.

0859   The king provided maximum **comfort** to his guests.

0860   He did not get the position because he lacked **experience**.

0861   You need to have **faith** in yourself.

0862   ① He has acquired a vast amount of **knowledge** by endlessly reading books.
   ② Her wide **knowledge** of music would be of great help to us.

0863   There was much good **news** this week.

0864   When I saw him, he was in **thought**.

0865   ① The movie was **worth** watching.
   ② He lives in a house **worth** $ 500,000.

design [dizáin] 0866	*n./v.* ① 설계(하다), 기획(하다) ② (C) 도안, 무늬 by design 고의로, 계획적으로; interior design 실내 디자인
electricity [ilektrísəti] 0867	*n.* 전기 hydro-electricity 수력 전기; the electricity bill 전기 요금
energy [énərdʒi] 0868	*n.* 힘, 정력, 에너지 nuclear energy 원자력 ▣ energetic *adj.* 정력적인
furniture [fə́ːrnitʃər] 0869	*n.* 가구 a piece of furniture 가구 한 점
homework [hóumwə̀ːrk] 0870	*n.* 숙제, 과제(assignment) do one's homework 숙제하다 *cf.* do housework 집안일을 하다
patience [péiʃəns] 0871	*n.* 인내(↔ impatience) test one's patience ~의 인내를 시험하다 ▣ patient *n.* 환자 *adj.* 인내하는
pride [praid] 0872	*n.* 자부심, 자만 take pride in ~을 자랑하다(be proud of) ▣ proud *adj.* 자랑하는
research [risə́ːrtʃ] 0873	*n./vt.* 연구(하다) Research and Development 연구 개발(R&D); do research 연구하다
respect [rispékt] 0874	*n./vt.* ① 존경(하다) ② (C)점, 측면 ▣ respectable *adj.* 존경 받을만한; respectful *adj.* 경의를 표하는, 정중한
life [laif] 0875	*n.* ① 생명(체) ② (C) 삶, 인생(개인의) a way of life 생활 양식 ▣ live[liv] *v.* 살다, [laiv] *adj.* 살아있는, 생음악의

0851 나는 배신당한 뒤 분노로 치를 떨었다. 0852 당신의 회원가입을 처리하려면 더 많은 정보가 필요합니다. 0853 신뢰는 우리 일상생활에서 가장 중요한 요소들 가운데 하나이다. 0854 이런 환경은 어린이들에게 안전하지 않다. 0855 그는 두려움을 전혀 모른다.  두려움은 당신을 죄인으로 만들 수 있고 희망은 당신을 자유롭게 만들 수 있다. – The Shawshank Redemption 중에서 0856 사람들은 쉽게 권력의 포로가 된다. 0857 경찰이 공항주변의 보안을 강화했다. 0858 그의 부재로 인해 사무실에 많은 동요가 일었다. 0859 그 왕은 손님들에게 최대한의 편의를 제공했다. 0860 그는 경험부족 때문에 그 자리를 차지하지 못했다. 0861 당신은 자신을 신뢰할 필요가 있다. 0862 ① 그는 끊임없는 독서를 통해 방대한 지식을 얻었다. ②음악에 대한 그녀의 해박한 지식이 우리에게 커다란 도움이 될 텐데. 0863 이번 주에는 희소식이 엄청 많았다. 0864 내가 그를 보았을때 그는 생각에 잠겨 있었다. 0865 ① 그 영화는 볼만한 가치가 있었다. ② 그는 50만 달러짜리 집에 산다. 0866 특히 나는 이 커피숍의 분위기와 실내디자인을 좋아한다. 0867 전기가 나가자 컴퓨터가 정지해버렸다. 0868 태양은 무한한 양의 에너지를 가지고 있다. 0869 그는 이번 주 많은 가구를 구입했다. 0870 그는 아파서 숙제를 끝낼 수 없었다. 0871 다른 사람에게 운전을 가르칠 때는 많은 인내가 필요하다. 0872 한국인들은 자신들의 풍부한 문화유산을 매우 자랑스러워한다. 0873 그는 그 특정 주제에 대해 연구했다. 0874 ① 우리는 그 노언인을 매우 존경한다. ②많은 측면에서 나는 너와 크게 다르다. 0875 영생을 누리는 것은 인류의 궁극적인 꿈으로 이어져 왔다. 오늘은 당신의 남은 인생의 첫째 날이다. – American Beauty 중에서

0866   I, especially, love the atmosphere and the interior **design** of this coffee shop.

0867   The computer shut down when the **electricity** went out.

0868   The sun has an endless amount of **energy**.

0869   He bought a lot of **furniture** this weekend.

0870   He could not finish his **homework** because he was sick.

0871   You need a lot of **patience** when you teach someone how to drive.

0872   Koreans take great **pride** in their rich cultural heritage*.

0873   He did some **research** on that specific topic.

0874   ① We have much **respect** for the old journalist.
        ② In many **respects** I am greatly different from you.

0875   It has been the ultimate dream of mankind to lead an eternal **life**.
        This is the first day of the rest of your **life**.
        – *American Beauty*

- **overwhelm** [òuvərhwélm] *vt.* 압도하다
- **betray** [bitréi] *vt.* 배신하다
- **process** *v.* 처리하다
- **get obsessed with** ~의 포로가 되다, 집착하다
- **stir** *n.* 동요
- **cultural heritage** [héritidʒ] 문화유산

Pop Quiz (35)

①	anger	•	Ⓐ	가구
②	trust	•	Ⓑ	부재
③	absence	•	Ⓒ	전기
④	knowledge	•	Ⓓ	가치
⑤	worth	•	Ⓔ	인내
⑥	electricity	•	Ⓕ	분노
⑦	furniture	•	Ⓖ	신뢰
⑧	patience	•	Ⓗ	자부심
⑨	pride	•	Ⓘ	지식
⑩	research	•	Ⓙ	연구

Practice Test (7)

다음 문장에서 강조된 단어와 의미가 가장 가까운 것을 고르시오.

1 They are very `pleased` with the result of the test.
   ⓐ sad   ⓑ disappointed   ⓒ fortunate   ⓓ happy

2 She is `worried` that her plan to go abroad will be called off.
   ⓐ anxious   ⓑ threatened   ⓒ bored   ⓓ booming

3 I'm completely `tired` of your lies.
   ⓐ amused   ⓑ interested   ⓒ lucky   ⓓ sick

4 The old tower was `struck` by lightning.
   ⓐ taken   ⓑ engaged   ⓒ hit   ⓓ disappeared

5 The loud drums played by him `annoyed` the parents.
   ⓐ excited   ⓑ angered   ⓒ prevailed   ⓓ refreshed

6 The movie was very interesting to me, though some people complained it was `boring`.
   ⓐ shocking   ⓑ dull   ⓒ stimulating   ⓓ blooming

7 Who is that `charming` lady beside Tom?
   ⓐ ugly   ⓑ attractive   ⓒ homely   ⓓ bleeding

8 The problem is that Jack is usually inclined to drive too `fast`.
   ⓐ quickly   ⓑ quick   ⓒ slowly   ⓓ slow

9 She `rarely` speaks to me unless I talk to her on purpose.
   ⓐ hardly   ⓑ diligently   ⓒ hard   ⓓ hesitantly

10 If you are not more specific, you won't get `sufficient` data for your essay.
   ⓐ satisfactory   ⓑ lack   ⓒ want   ⓓ uninterested

Ultra-basic Words 7

keep, have

keep [kiːp] kept-kept

vt. ① 계속하다
　　The telephone **kept** (on) ringing, but she did not pick it up.

　② 유지하다
　　Hey guys, **keep** in touch.

　③ (~from -ing) ~하는 것을 막다, 삼가다 (prevent, stop)
　　They did their best to **keep** their jobs* from disappearing.

　④ 보유하다, 갖다
　　Keep the change. (잔돈은 가지세요.)

phr. v.　keep a diary　일기를 쓰다
　　　　　keep on -ing　계속 ~하다
　　　　　keep going　(하던 동작을) 계속하다
　　　　　keep one's word　약속을 지키다 (keep one's promise)

have [hæv] had-had

aux.　I **have** been to the Louvre Museum. It gave me an intense* impression. (완료)
　　　They **had to** give evidence to keep him from going to jail*. (~해야한다, must)

vt. ① 가지다 (possess)
　　Do you **have** any money with you?

　② 먹다
　　I usually **have** breakfast at seven-thirty.

　③ 하다
　　have a bath 목욕하다; **have** a walk 산책하다; **have** a look at ~을 보다

　④ 시키다, ~하게 하다
　　His appearance **had** us completely <u>embarrassed</u>.
　　When she came back, she **had** me <u>clean</u> the room.

*****job** *n.* 일　*cf.* **vocation**[voukéiʃən] *n.* 천직, 일
*****intense** *adj.* 강력한, 강렬한　*cf.* **intensive** *adj.* 집중적인, 집약적인
*****jail** *n.* 감옥 (보통, 미결수)　*cf.* **prison** *n.* 감옥 (보통 확정판결 이후)

셀 수 없는 명사 -II

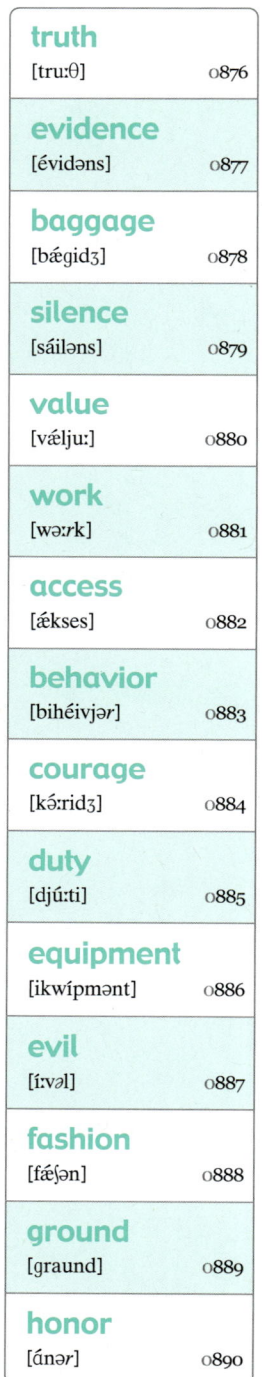

truth [truːθ] 0876
n. 진리, 진실
in truth 사실(in reality, in fact)　＊true *adj.* 진실의

evidence [évidəns] 0877
n. 증거
a piece of evidence 증거 한 개　＊evident *adj.* 분명한, 명백한

baggage [bǽgidʒ] 0878
n. (여행용) 수하물(luggage)
baggage claim (공항) 수하물 찾는 곳

silence [sáiləns] 0879
n./vt. 침묵 (시키다)
be in silence 침묵하다　＊silent *adj.* 침묵하는, 조용한

value [vǽljuː] 0880
n. 가치(worth), 가격　*vt.* 가치를 평가하다
＊valuable *adj.* 가치 있는; invaluable *adj.* 귀중한 (priceless); valueless *adj.* 무가치한

work [wəːrk] 0881
n./v. ① 일(하다)　② (C) 작품
go to work 출근하다; a work of art 미술 작품

access [ǽkses] 0882
n./vt. 접근 (하다)
have access to ~에 접근하다　＊accessible *adj.* 접근할 수 있는

behavior [bihéivjər] 0883
n. 행동, 행위(conduct)
human behavior 인간 행동　＊behave *v.* 행동하다

courage [kə́ːridʒ] 0884
n. 용기(bravery)
＊courageous *adj.* 용감한(brave); encourage *vt.* 용기를 북돋우다, 독려하다

duty [djúːti] 0885
n. ① 의무 (obligation)　② 관세
on/off duty 업무중 / 휴가중; a duty-free shop 면세점

equipment [ikwípmənt] 0886
n. 장비(tools), 비품
kitchen equipment 식기; a piece of equipment 장비 한 점

evil [íːvəl] 0887
n. ① 악(vice)　② (C) 나쁜 행동이나 상황　*adj.* 사악한
good and evil 선악

fashion [fǽʃən] 0888
n. ① 유행(vogue)　② 패션, 의상　③ (C) 양식, 방식(manner)
be in fashion 유행하다　＊fashionable *adj.* 최신 유행의

ground [graund] 0889
n. ① 지면, 땅 (earth)　② 근거　③ 운동장 (playground)
on the ground 땅 위에서 / 운동장에서　＊groundless *adj.* 근거 없이

honor [ánər] 0890
n./vt. 명예(를 주다)
in honor of ~을 기념하여　＊honorable *adj.* 명예로운

Day 36

0876 To tell the **truth**, I've never been to the Philippines.

0877 There is not enough **evidence** to support his claim.

0878 I was waiting for about 30 minutes at the **baggage** claim.

0879 **Silence** can also be a virtue*.
♪ Then I am still and wait here in the **silence** until you come and sit a while with me. ♪ – *You Raise Me Up, Westlife*

0880 What is the **value** of this painting?

0881 How much **work** did you get done today?

0882 Computer **access** was granted to the programmer.

0883 His abnormal **behavior** made other people dislike him.

0884 He lacked **courage** and did not want to confront anybody.

0885 Every Korean man must fulfill* his military **duty**.

0886 The camera man always carries lots of **equipment**.

0887 There is constant conflict* between good and **evil**.

0888 She went to Italy to study **fashion** design.

0889 The plane touched the **ground** at 7:30 pm.

0890 He is a man of **honor**. He has always kept his word*.

intelligence [intélədʒəns] 0891	*n.* ① 지능 ② 정보, 첩보 Artificial Intelligence 인공지능(AI) ❶ intelligent *adj.* 총명한; intellectual *adj.* 지적인
mail [meil] 0892	*n.* 우편(post) *v.* 우편으로 보내다 by mail 우편으로; e-mail 전자우편
progress [prágres] 0893	*n./v.* 발전(하다), 진보(하다), 진행(되다) make progress 발전 / 진보하다 ❶ progressive *adj.* 진보적인
relief [rilíːf] 0894	*n.* ① 위안, 안도(comfort) ② 구제, 원조 ❶ relieve *vt.* 위안을 주다, (고통 등) 덜어주다; relieve A of B A에게서 B(고통 등)를 없애다
religion [rilídʒən] 0895	*n.* ① 종교(일반적인) ② (C)(특정) 종교 two religions 두 가지 종교 ❶ religious *adj.* 종교적인
traffic [træfik] 0896	*n.* 교통 a traffic jam 교통체증; a traffic accident 교통사고 *cf.* transport *n.* 교통(수단)
travel [trǽvəl] 0897	*n.* 여행(하다) a travel agency 여행사 *cf.* make a journey / a trip 여행하다
wealth [welθ] 0898	*n.* 부 (↔ poverty), 재산 wealth and fame 부와 명예 ❶ wealthy *adj.* 부유한 (rich)
weather [wéðər] 0899	*n.* 날씨 a weather forecast 일기예보
welfare [wélfɛ̀ər] 0900	*n.* 복지, 번영 public welfare 공공복리; the welfare state 복지국가

0876 솔직히 말하면, 나는 필리핀에 가 본적이 없다. 0877 그의 주장을 뒷받침할 충분한 증거가 없다. 0878 나는 수하물 찾는 곳에서 30분 가량 기다리고 있었다. 0879 침묵 또한 미덕이 될 수 있다. ♬ 그 때 난 여전히 아무 말 없이 여기서 당신이 내 옆에 와서 앉아주길 기다려요. ♬ – 웨스트라이프의 You Raise Me Up 중에서 0880 이 그림 가격이 어느 정도입니까? 0881 오늘 일을 얼마나 끝냈니? 0882 프로그래머들에게는 컴퓨터 접근이 허용되었다. 0883 그의 비정상적인 행동 때문에 남들이 그를 좋아하지 않게 되었다. 0884 그는 용기가 부족해서 누구하고도 맞서려 하지 않았다. 0885 모든 한국 남자들은 국방의 의무를 이행해야 한다. 0886 그 카메라맨은 항상 많은 장비를 가지고 다닌다. 0887 선과 악 사이에는 항상 상충되는 면이 있다. 0888 그녀는 의상디자인을 공부하기 위해 이탈리아에 갔다. 0889 그 비행기가 오후 7시30분에 착륙했다. 0890 그는 명예로운 사람이다. 항상 자신이 한 말을 지킨다. 0891 그 생명체는 어떤 지능도 나타내지 않는다. 0892 나는 하루에 한 번씩 이메일을 점검한다. 0893 그 환자는 그의 치료 이후 많은 차도를 보였다. 0894 그가 돌아오자 그의 어머니가 안도의 한숨을 내쉬었다. 0895 그는 어떤 종교도 없다. 0896 교차로내 사고가 교통을 더욱 악화시켰다. 0897 얼마 동안 여행했니? 0898 그 부자는 자신의 막대한 재산을 수많은 자선단체에 내놓았다. 0899 날씨가 매우 좋다. 0900 회사의 재정난 때문에 직원들의 복지가 위태로운 상태였다.

0891　The creature has shown no sign of **intelligence**.

0892　I check my **mail** once a day.

0893　The patient made a lot of **progress** since his treatment.

0894　When he came back, his mother breathed a sigh of **relief**.

0895　He does not have any **religion**.

0896　The accident at the intersection worsened the **traffic**.

0897　How long was your **travel**?

0898　The rich man gave his enormous **wealth** to numerous charities*.

0899　The **weather** is lovely.

0900　The **welfare** of the workers was at stake* due to the financial problems of the company.

□ **virtue** [vǝ́ːrtʃuː] *n.* 미덕
□ **fulfill** *vt.* 이행하다
□ **conflict** *n.* 갈등, 상충
□ **keep one's word** 약속을 지키다
□ **charity** [tʃǽrǝti] *n.* 자선단체
□ **be at stake** 위태롭다

Pop Quiz (36)

① evidence	Ⓐ	지능
② silence	Ⓑ	악
③ access	Ⓒ	지면, 땅
④ behavior	Ⓓ	접근
⑤ duty	Ⓔ	종교
⑥ evil	Ⓕ	의무
⑦ ground	Ⓖ	증거
⑧ intelligence	Ⓗ	위안
⑨ relief	Ⓘ	행동
⑩ religion	Ⓙ	침묵

복합어

address book 0901	*n.* 주소록 address *n.* ① 주소 ② 연설; book *n.* 책 *vt.* 예약하다(reserve)
global warming 0902	*n.* 지구 온난화 global *adj.* 지구의(worldwide); globe *n.* 지구, 구
top-secret 0903	*adj.* 일급 비밀의 top *n.* 꼭대기; on top of ~의 위에; secret *n./adj.* 비밀(의); keep a secret 비밀을 지키다
worn-out 0904	*adj.* ① (완전히) 낡은, 닳은 ② 지친(exhausted) worn-out jeans 낡은 청바지
assembly line 0905	*n.* 조립 라인, 생산 라인 assembly *n.* 조립, 모임; the National Assembly 국회; assemble *vt.* 조립하다
barbed wire 0906	*n.* 가시철사 a barbed-wire fence 철조망 담장 barb *n.* 가시; barbed *adj.* 가시 달린, 가시 돋친
bride-to-be 0907	*n.* 예비신부 bride and bridegroom 신랑 신부(어순 유의)
bubble bath 0908	*n.* 거품 목욕 bubble *n.* 거품; bathe *v.* 목욕하다
central heating 0909	*n.* 중앙난방 central *adj.* 중심의; center *n.* 중심; heat *vt./n.* 가열하다 / 열
compact disc 0910	*n.* 컴팩트 디스크 (CD) compact *adj.* 압축된, 빽빽한 *v.* 압축하다; a compact car 경차
cover-up 0911	*n.* 은폐(whitewash) cover *vt.* 덮다, 가리다 *n.* 표지; a cover girl 표지모델
even number 0912	*n.* 짝수 (↔ odd number) even *adj.* 균일한, 짝수의 *adv.* 조차도; evenly *adv.* 균일하게
film star 0913	*n.* 영화배우 (movie star, actor, actress) film *n.* 영화(picture, movie); star *n.* 별, 유명인사; starry *adj.* 별이 총총 뜬
hair pin 0914	*n.* 머리핀 hair *n.* 머리카락(전체-U, 개별-C); a safety pin 안전핀
human being 0915	*n.* 인간 (human existence) human *adj./n.* 인간(의); humane *adj.* 인간적인; human rights 인권

Day 37

0901 ① He lost his **address book** which contained his important information.
② The new President delivered his inaugural* <u>address</u> yesterday.

0902 **Global warming** is one of the most serious environmental problems we have faced.

0903 This military operation is **top-secret**.

0904 We became extremely **worn-out** after playing basketball.

0905 The worker's strike caused the operation of the **assembly line** to stop.

0906 The prisoner escaped by cutting the **barbed wire**.

0907 She is my **bride-to-be**, and I love her to death.

0908 She likes to take a **bubble bath** after a long day.

0909 Our building was freezing because the **central heating** system was broken.

0910 He collects **compact discs** as a hobby*.

0911 Many public officials are involved in this **cover-up**.

0912 **Even numbers** include round numbers ending in 0.

0913 The **film star** was hurt during the action scene.

0914 The hair designer used more than thirty **hair pins** on his hair model.

0915 We often forget the fact that all **human beings** will die some day.

income tax 0916	*n.* 소득세 ⓐ income *n.* 소득; tax *n./v.* 세금(을 매기다); taxation *n.* 과세
junk food 0917	*n.* 정크푸드 (햄버거 같은 음식) ⓐ junk *n.* 고물, 쓰레기; fast food 인스턴트 음식; health food 건강식
mineral water 0918	*n.* 천연 광천수, 탄산수 ⓐ mineral *n.* 광물, 무기물; tap water 수돗물
mother-tongue 0919	*n.* 모국어 ⓐ mother country 모국; mother-to-be 예비엄마; tongue *n.* 혀
musical instrument 0920	*n.* 악기 ⓐ musical *adj.* 음악의 *n.* 뮤지컬; instrument *n.* 도구, 장치
pocket money 0921	*n.* 용돈 (allowances) ⓐ pocket *n.* 주머니; pocket-sized 주머니 크기의
stainless steel 0922	*n.* 스테인레스 ⓐ stain *n.* 얼룩, 무늬; stained glass 무늬 유리; steel *n.* 강철
toilet paper 0923	*n.* 화장실용 휴지 tissue (paper) *n.* 포장용 얇은 종이, 휴지　ⓐ toilet *n.* 화장실, 변기
vocal cords 0924	*n.* 성대 ⓐ vocal *adj.* 목소리의, 노래의; vocal music 성악
washing machine 0925	*n.* 세탁기 ⓐ wash *vt.* 세탁하다; machine *n.* (C)기계; machinery *n.* (U)기계류

0901 ① 그는 중요한 정보를 담고 있는 주소록을 잃어버렸다. ② 신임 대통령이 어제 취임 연설을 했다. 0902 지구 온난화는 우리가 직면하고 있는 가장 심각한 환경문제들 가운데 하나이다. 0903 이 군사 작전은 일급 비밀이다. 0904 우리는 농구경기를 한 뒤 완전히 녹초가 되었다. 0905 노동자 파업으로 생산 라인의 가동이 중단되었다. 0906 그 죄수는 가시 철망을 끊고 달아났다. 0907 그녀는 내 결혼상대인데 나는 그녀를 죽을 때까지 사랑할 것이다. 0908 그녀는 긴 하루 일과를 끝낸 뒤 거품 목욕하길 좋아한다. 0909 중앙난방장치가 고장나서 건물이 꽁꽁 얼었다. 0910 그는 취미로 CD를 수집한다. 0911 많은 공직자들이 이 은폐사건에 연루되었다. 0912 짝수는 끝이 0으로 끝나는 10배수를 포함한다. 0913 그 영화배우는 액션장면 도중 부상을 당했다. 0914 그 미용사는 자신의 모델에게 30개 이상의 머리핀을 사용했다. 0915 우리는 모든 인간이 언젠가는 죽는다는 사실을 종종 망각한다. 0916 마이크로소프트사의 회장인 빌 게이츠는 세계에서 가장 많은 소득세를 납부하는 사람 가운데 한 명이다. 0917 요즘 어린이들은 스낵만큼이나 정크푸드를 좋아한다. 0918 대다수 유럽인들은 평소에 일반물보다 광천수를 즐겨 마신다. 0919 어린시절 미국으로 이민간 그 헝가리출신 미국인은 모국어를 잊어버렸다. 0920 피아노는 내가 연주할 수 있는 유일한 악기다. 0921 그는 매주 부모로부터 약간의 용돈을 받는다. 0922 이 주전자는 스테인레스로 만들어졌다. 0923 그는 화장실에 휴지가 없다는 것을 알았을 때 매우 당혹해 했다. 0924 그녀는 너무 크게 비명을 질렀기 때문에 성대를 다쳤다. 0925 내 아내가 막 최신형 세탁기를 구입했다.

0916　Bill Gates, Chairman of Microsoft, is one of the highest **income tax** payers in the world.

0917　Young children nowadays like **junk food** as snacks*.

0918　Most Europeans usually enjoy drinking **mineral water** rather than pure water*.

0919　The Hungarian-American who immigrated to the United States when he was young, forgot his **mother-tongue**.

0920　Piano is the only **musical instrument** I can play.

0921　He receives a little bit of **pocket money** from his parents every week.

0922　This kettle* is made of **stainless steel**.

0923　He got really anxious when he found out that there was no **toilet paper**.

0924　She hurt her **vocal cords** because she screamed too loud*.

0925　My wife just bought a brand new* **washing machine**.

Pop Quiz (37)

1. global warming ·　　A 성대
2. top-secret · 　　　　B 모국어
3. worn-out · 　　　　　C 중앙 난방
4. assembly line · 　　　D 소득세
5. central heating · 　　E 지구온난화
6. cover-up · 　　　　　F 은폐
7. human being · 　　　G 조립라인
8. income tax · 　　　　H 인간
9. mother-tongue · 　　 I 닮은
10. vocal cords · 　　　　J 일급 비밀의

❏ **inaugural** [inɔ́:ɡjurəl]　*adj.* 취임의
❏ **hobby**　*n.* 취미
❏ **snack**　*n.* 간식
❏ **pure water**　깨끗한 물, 정수
❏ **kettle**　*n.* 주전자
❏ **loud**　*adj./adv.* 시끄러운/시끄럽게
❏ **brand new**　*adj.* 최신형의

주요 숙어 -I (two-word verbs)

think of 0926	*v. + prep.* ① 생각해내다, 생각나다 ② 간주하다 think of an idea 어떤 아이디어를 생각해내다; think of A as B A를 B로 간주하다(regard)
pay for 0927	*v. + prep.* ~에 대해 값 / 대가를 지불하다 pay attention to ~에 주목하다
cannot help –ing 0928	*v.* ~하지 않을 수 없다 = cannot (help) but 동사 원형
show up 0929	*v. + adv.* 나타나다 (appear), 출현시키다 show off 과시하다; show business 연예산업
leave out 0930	*v. + adv.* ① 빠뜨리다 (fail to include) ② 생략하다 (omit) 관 leave *v.* 떠나다: leave (Seoul) for New York (서울에서) 뉴욕으로 떠나다
set off 0931	*v. + adv.* ① 여행을 시작하다 (set out) ② 개시하다, 시작하다 set aside 비축하다, 저축하다; set up 설치하다(establish)
deal in 0932	*v. + prep.* 장사하다, 판매하다 (do business) deal with 다루다, 취급하다(treat); a great / good deal of 엄청 많은 양의
suffer from 0933	*v. + prep.* (보통 병) ~으로 고생하다 파 suffering *n.* 고통
blow up 0934	*v. + adv.* 폭발하다, 폭파시키다 (explode) blow out (촛불 등) 불어 끄다 관 blow *v.* (바람) 불다, 때리다
break out 0935	*v. + adv.* (전쟁, 사건) 일어나다, 발발하다 break down (기계) 고장나다 관 break *vt.* 깨다, 부수다 *cf.* brake *vt.* 멈추게 하다
call off 0936	*v. + adv.* 취소하다 (cancel) call for 요구하다(demand) *cf.* put off 미루다, 연기하다(postpone)
bring up 0937	*v. + adv.* 기르다 (raise), 교육시키다 (educate) bring about 일으키다, 촉발시키다(cause)
depend (up)on 0938	*v. + prep.* ① ~에 의존하다 (rely / count on) ② ~에 달려 있다 It depends. 그것은 상황에 따라 다르다. 파 dependent *adj.* 의존적인
laugh at 0939	*v. + prep.* 놀리다, 비웃다 for a laugh 재미로(for fun, as a joke) 관 laugh *n./vi.* 웃음 / 웃다
pick up 0940	*v. + adv.* ① 집어 들다 ② (차에) 태워주다 pick out 고르다, 선택하다 (select, choose)

Day 38

0926 Tomorrow, I'll **think of** some way to get him back. After all, tomorrow is another day. – *Gone with the Wind*

0927 ① I had to **pay** $45 **for** my phone bills last month.
② You can **pay** (**for**) it either by credit card or by cash.

0928 They **could not help being** surprised at the shocking news.

0929 When the guy **showed up** at the party, we could not help but laugh at him.

0930 We had no choice but to **leave out** visiting the temple, as we had no time.

0931 She usually **sets off** early to work to avoid the heavy traffic.

0932 She has earned a great deal of money since she started to **deal in** clothes five years ago.

0933 The old man finally died last night after long **suffering from** lung cancer*.

0934 Then, my brother and I would lie on the airbed* **blown up** by my late father.

0935 When the war **broke out** last year, he was in the army.

0936 They were very disappointed that their trip to India was **called off**.

0937 The movie star **was brought up** on a remote island.

0938 I have **depended** largely **upon** my family since I was born.

0939 I could not stand the situation where they were continuously **laughing at** me.

0940 An attractive woman asked me to **pick** her **up** on the road.

try on 0941	*v. + adv.* (옷) 입어보다	try to-inf ~하려 노력하다; try-ing ~을 시도해보다, 시험해보다 trial *n.* 시도, 재판
wait for 0942	*v. + prep.* ~를 기다리다	Time and tide wait(s) for no man. 세월이 사람을 기다리진 않는다
carry out 0943	*v. + adv.* 실행하다	carry on -ing 계속 ~하다, 실행하다
come across 0944	*v. + prep.* (우연히) ~와 만나다, 마주치다 (encounter)	come to-inf ~하게 되다; come up with (아이디어, 돈 등을) 내놓다
dispose of 0945	*v. + prep.* 폐기하다, 처분하다 (remove)	disposal *n.* 처분
give up 0946	*v. + adv.* 포기하다	give out (빛, 가스) 배출하다
hand in 0947	*v. + adv.* 제출하다	hand-out 유인물; hand over 양도하다, 넘겨주다
look for 0948	*v. + prep.* 찾다 (search)	look after 돌보다 (take care of); look into 조사하다 (investigate)
occur to 0949	*v.+ prep.* (퍼뜩) ~에게 (생각 등) 들다, 일어나다	occur *vi.* 발생하다 (take place)
turn down 0950	*v. + adv.* (제안, 요구) 거절하다, 거부하다	turn on/off (스위치를) 켜다 / 끄다; turn around 회전하다

0926 내일, 나는 그를 돌아오게 할 방법을 생각해낼 것이다. 결국 내일은 내일의 태양이 떠오를 테니까. – Gone with the Wind (바람과 함께 사라지다) 중에서 0927 ① 나는 지난 달 전화요금으로 45달러를 내야했다. ② (그것의 대가로) 신용카드나 현금 어느 쪽도 결제가 가능합니다. 0928 그들은 그 충격적인 소식에 놀라지 않을 수 없었다. 0929 그 녀석이 파티에 나타났을 때 우리는 비웃지 않을 수 없었다. 0930 시간이 없었기 때문에 사원방문을 생략할 수 밖에 없었다. 0931 그녀는 교통체증을 피하기 위해 보통 일찍 출근한다. 0932 그녀가 5년 전 의류사업을 시작한 이후 엄청난 돈을 벌었다. 0933 폐암으로 오래 동안 시달렸던 그 노인이 결국 어젯밤 숨을 거두었. 0934 당시, 형과 나는 돌아가신 아버지가 불어주신 공기침대 위에 누워있곤 했었다. 0935 지난 해 그 전쟁이 터졌을 때, 그는 군에 있었다. 0936 그들은 인도 여행이 취소되자 매우 실망했다. 0937 그 영화배우는 외딴 섬에서 자랐다. 0938 나는 태어나서부터 가족들에게 크게 의존해왔다. 0939 그들이 계속해서 나를 놀려대는 상황을 참을 수가 없었다. 0940 어떤 매력적인 여인이 도로상에서 내게 차에 태워달라고 요청했다. 0941 그녀는 몇 켤레의 구두를 차례로 신어보고 있다. 0942 그는 3년 전 떠난 여인을 여전히 기다리고 있다. 0943 각 정당은 총선을 앞두고 자체 여론조사를 실시할 계획이다. 0944 나도 너처럼 거리에서 우연히 멋진 남자를 만나는 게 가능할까? 0945 문제는 얼마나 안전하게 핵 폐기물을 처리할 수 있느냐이다. 0946 그녀는 해외유학을 위해 일을 그만두기로 결심했다. 0947 다음 주 금요일까지 보고서를 제출해야 한다. 0948 그들은 사진 찍기 좋은 장소를 찾기 위해 어디든 기꺼이 간다. 0949 혹시 내가 그녀에게 특별한 감정을 갖고 있지 않을까 하는 생각이 퍼뜩 들었다. 0950 그녀는 도무지 내 말에 귀를 기울이지 않는다. 그것은 그녀가 날 거부하고 있다는 의미다.

0941　She is **trying on** several pairs of shoes one after another.

0942　He is still **waiting for** a woman who left him three years ago.

0943　Each party is planning to **carry out** its own opinion poll* before the general election.

0944　Is it possible for me to **come across** a nice guy like you on the street?

0945　The thing is how safely nuclear waste can be **disposed of**.

0946　She decided to **give up** her job to study abroad.

0947　You should **hand in** your term paper* before next Friday.

0948　They are willing to go everywhere to **look for** good places to take pictures.

0949　It **occurred to** me that I might have a special feeling toward her.

0950　She won't listen to me. It means she **turns** me **down**.

Pop Quiz (38)

1. show up · · A 기르다
2. leave out · · B 취소하다
3. deal in · · C 빠뜨리다
4. blow up · · D 우연히 만나다
5. call off · · E 놀리다
6. bring up · · F 실행하다
7. laugh at · · G 나타나다
8. carry out · · H 찾다
9. come across · · I 판매하다
10. look for · · J 폭발하다

- lung cancer 폐암
- airbed *n.* 공기침대
- opinion poll 여론조사
- term paper 보고서, 과제물

주요 숙어 -II (three-word verbs)

bear ~in mind 0951	*vt.* 명심하다 (keep ~in mind)	
	참 bear *vt.* 낳다, 참다 *n.* 곰; be born 태어나다; a polar bear 북극곰	
brush up on 0952	*v. + adv. + prep.* 복습하다 (review)	
	brush aside / away 무시하다(disregard)	
catch up with 0953	*v. + adv. + prep.* 따라잡다	
	catch on 널리 퍼지다, 유명해지다	
cry out for 0954	*v. + adv. + prep.* (sth. 주어) 시급히 요구되다	
	cry out 소리지르다; S(sb.) cry out for help 도움을 요청하다	
cut back on 0955	*v. + adv. + prep.* (소비, 지출 등) 줄이다 (reduce)	
	cut down (on) ~을 덜하다, 줄이다; cut off 차단하다, 잘라내다	
date back to 0956	*v. + adv. + prep.* (시간) ~로 거슬러 올라가다, ~에서 비롯되다	
	have a date with ~와 데이트하다; out of date 한물간, 구식의(↔ up to date)	
do sb. good 0957	*v. + n. + n.* ~에게 도움이 되다 (↔ do sb. harm)	
	do away with 없애다; do without ~없이 지내다; do workout 운동하다	
fall back on 0958	*v. + adv. + prep.* ~에 의지하다 (resort to)	
	fall behind 뒤처지다, 추월 당하다; fall in love with ~와 사랑에 빠지다	
find fault with 0959	*v. + n. + prep.* ~의 흠을 잡다, 불평하다 (complain)	
	find out 찾아내다(discover) 참 fault *n.* 결점, 실수	
get rid of 0960	*v. + adj. + prep.* 없애다 (eliminate, remove)	
	참 rid *vt.* 제거하다; rid A of B A에게서 B를 없애다	
go along with 0961	*v. + adv. + prep.* ~와 잘 지내다 (get along with)	
	go bad / mad 부패하다 / 미치다	
grow out of 0962	*v. + adv. + prep.* (나쁜 버릇) ~을 버릴 정도로 자라다	
	grow up 자라다, 성장하다; grown-up *n.* 어른	
keep away from 0963	*v. + adv. + prep.* ~을 멀리하다 (avoid)	
	keep (on) -ing 계속 ~하다; keep ~from -ing ~하지 못하게 하다	
learn ~by heart 0964	*vt.* 암기하다 (memorize)	
	learn how to-inf ~하는 법을 배우다	
give way to 0965	*v. + n. + prep.* ~에 양보하다, 밀려나다 (yield)	
	give away 나눠주다; give in 굴복하다, 인정하다	

Day 39

0951 Always **bear in mind** that a rolling stone gathers no moss*.

0952 **Brushing up on** your vocabulary any time and any place is the easiest way to master English.

0953 If you are to **be caught up with** the other students, you should try harder.

0954 This **cries out for** your help.

0955 The government decided to **cut back on** this year's expenditure*.

0956 This trend **dates back to** the 19th century.

0957 It will **do you good** to take a trip I think.

0958 The actress confessed that she **had** once **fallen back on** using drugs.

0959 The man has a bad habit of **finding fault with** other people all the time.

0960 Financial problems forced the company to **get rid of** some staff.

0961 We tried a lot to **go along with** that odd man, but in vain.

0962 Now, you **have grown** completely **out of** your old bad habit.
   You could be happy here. I could take care of you. We could **grow** up together, ET. – ET

0963 I'm going to **keep away from** the Internet messenger service for the time being*.

0964 What about **learning** this beautiful poem **by heart**?

0965 I'm rather sad that the culture of writing letters is threatened with extinction*, **giving way to** e-mail.

let go of 0966	*vt.* 석방하다, 놓아주다 (release) Let me alone. 날 혼자 내버려 둬; Let me go. 보내주세요.
look forward to 0967	*v. + adv. + prep.* 간절히 바라다 (anticipate) look upon A as B A를 B로 간주하다(regard A as B)
lose sight of 0968	*v. + n. + prep.* 시선에서 놓치다 (↔ catch sight of) at first sight 첫눈에, 처음에 see *vt.* 보다
make up for 0969	*v. + adv. + prep.* 벌충하다, 보상하다 (compensate for) make up ~을 구성하다, 화장하다, (핑계, 구실 만들다); make-up 화장
put up with 0970	*v. + adv. + prep.* 참다 (tolerate, endure) put aside 비축하다; put out 불을 끄다 (extinguish)
give rise to 0971	*v. + n. + prep.* 유발하다, 일으키다 (cause) high-rise 초고층의, 초고층 건물
run out of 0972	*v. + adv. + prep.* ① ~이 떨어지다 ② ~로부터 도망치다 run away from ~로부터 도망치다; hit-and-run 기습의, 뺑소니의
speak ill of 0973	*v. + adv. + prep.* 비판하다 (↔ speak well/highly of) speak of ~에 대해 말하다; speak to sb. ~에게 말을 걸다
stand up for 0974	*v. + adv. + prep.* 옹호하다 (defend) stand for 대표하다 (represent)
take part in 0975	*v. + n. + prep.* 참가하다 (participate in) take after 닮다 (resemble); take off (옷) 벗다, 이륙하다

0951 구르는 돌에는 이끼가 끼지 않는다는 사실을 항상 명심해라. 0952 언제 어디서든 어휘를 복습하는 게 영어를 정복하는 가장 쉬운 방법이다. 0953 다른 학생들을 따라 잡으려면, 더욱 열심히 해야 한다. 0954 이번에는 네 도움이 절실하다. 0955 정부는 올해 지출을 줄이기로 결정했다. 0956 이 유행은 19세기로 거슬러 올라간다. 0957 어디로든 여행을 가는 게 너한테 좋을 것 같아. 0958 그 배우는 과거에 마약에 의존했던 적이 있다고 고백했다. 0959 그 남자는 시종일관 남들을 비난하는 나쁜 습관이 있다. 0960 재정난 때문에 그 회사는 일부 직원을 정리해야 했다. 0961 우리는 그 이상한 남자와 잘 지내려 부단히 노력했지만 소용이 없었다. 0962 이제 너는 그 오래된 나쁜 버릇을 없앨 정도로 충분히 자랐다.  여기서도 행복할 수 있어. 내가 너를 돌봐줄게. 우린 같이 자랄 수 있단 말이야 ET야   − ET 중에서 0963 나는 당분간 인터넷 메신저를 하지 않을 작정이다. 0964 이 아름다운 시를 외우는 건 어때? 0965 전자메일에 밀려 (직접) 편지를 쓰는 문화가 사라지고 있어 다소 아쉽다. 0966 필요할 때는 소중한 사람이라도 놓아줄 줄 알아야 한다. 0967 환호하는 수천 명의 팬들이 공항에서 자신들의 슈퍼스타를 보길 간절히 바라고 있다. 0968 ① 그 아이는 엄마가 안보이자 울기 시작했다. ② 몸이 멀어지면 마음도 멀어진다. 0969 당국이 그들의 손실을 보상하겠다고 약속했다. 0970 여성들은 직장이나 학교에서 다양한 유형의 성희롱을 절대로 용인해선 안된다. 0971 의사들은 땅콩이 알레르기를 유발할 수도 있다고 경고한다. 0972 서둘러야겠어! 시간이 없다. 0973 ① 어렵긴 하겠지만 네가 그에게 쓴소리를 해야겠다. ② 말보다 실천. 0974 내가 힘들 때마다 그가 항상 내 편이 되어 준다. 0975 수십만 명의 인터넷 이용자들이 한 포털사이트가 실시한 여론조사에 참여했다.

0966　You should know how to **let go of** even your beloved when necessary.

0967　Thousands of cheering fans are **looking forward to** glancing at their super star at the airport.

0968　① The kid began to cry when she **lost sight of** her mother.
② Out of sight, out of mind.

0969　The authorities promised to **make up for** their loss.

0970　Women should never **put up with** sexual harassment* at school, or at work.

0971　Doctors warn that peanuts may **give rise to** allergy.

0972　You have to hurry! We are **running out of** time.

0973　① You have to **speak ill of** him, though it may be rather difficult to do so.
② Actions speak louder than words.

0974　He always **stands up for** me whenever I get in trouble.

0975　Hundreds of thousands of internet users **took part in** the survey carried out by a portal site.

Pop Quiz (39)

1. bear in mind • Ⓐ ~을 멀리하다
2. catch up with • Ⓑ ~에 양보하다
3. fall back on • Ⓒ 명심하다
4. find fault with • Ⓓ 비난하다
5. get rid of • Ⓔ 따라잡다
6. keep away from • Ⓕ 놓아주다
7. give way to • Ⓖ 없애다
8. let go of • Ⓗ ~에 의지하다
9. look forward to • Ⓘ 보상하다
10. make up for • Ⓙ 간절히 바라다

❏ **moss** *n.* 이끼
❏ **expenditure** [ikspénditʃər] *n.* 지출
❏ **for the time being** 당분간
❏ **extinction** [ikstíŋkʃən] *n.* 소멸
❏ **sexual harassment** [hərǽsmənt] 성희롱

주요 숙어 - III (idioms)

ahead of 0976	*prep.* (시간, 공간) ~앞에, ~보다 먼저 (before, prior to) go ahead 앞으로 나아가다, 진행하다; ahead of time 미리(in advance)
all but 0977	*adv.* 거의(almost) after all 결국, 마침내(at last, finally); above all 특히; not at all 결코(never)
at home 0978	*adj.* 편안한 (comfortable) feel at home 집에 있는 느낌이다; Make yourself at home. (내 집처럼) 편안하게 지내세요.
at once 0979	*adv.* 즉시 (immediately) all at once 갑자기(suddenly); once in a while 이따금, 때때로
but for 0980	*prep.* ~이 없다면 (if it were not for, except for) cannot but V ~하지 않을 수 없다
by nature 0981	*adv.* 본질적으로, 본래 by and by 이윽고, 머지않아; by and large 대체로
at ease 0982	*adv./adj.* 편안하게 / 편안한 ill at ease 안절부절 못하는; with ease 수월하게(easily)
in spite of 0983	*prep.* ~에도 불구하고 (despite, notwithstanding) in spite of oneself 무심코
little by little 0984	*adv.* 점차, 조금씩 조금씩 (gradually) a little bit 약간, 조금; only a little 극히 적은
no more than 0985	*adv.* ~에 불과한 (only) not more than 고작해야, 많아야 (at most)
on the spot 0986	*adv.* ① 현장에서 ② 즉석에서 (immediately) a solar spot 태양의 흑점, 옥의 티　　spot *n.* 반점, 장소
on time 0987	*adv.* (약속된 시간) 정각에 in time 늦지 않고; at the same time 동시에; for the time being 당분간
every now and then 0988	*adv.* 때때로, 가끔 (occasionally) every day *adv.* 매일매일; everyday *adj.* 일상의; everyone *pron.* 모든 사람
on purpose 0989	*adv.* 일부러, 고의로 (purposely, intentionally) with the purpose of -ing ~할 목적으로
to be sure 0990	*adv.* 틀림없이, 확실히(surely) Sure. 맞아. (Yes, All right, 구어); be sure of / that ~을 확신하다　　surely *adv.* 틀림없이

Day 40

0976 The Korean short track speed skater finished the line **ahead of** all the other contenders in the 1,000 meter final.

0977 My old computer is **all but** useless, and so I am going to buy a new one.

0978 I always feel **at home** whenever I am with you.

0979 We could know the situation **at once** as soon as we saw her face.

0980 **But for** your help, we could not bring this research to an end*.

0981 All human beings, **by nature**, cannot be against nature, and will get back to nature in the end.

0982 She felt ill **at ease** when the horror movie started.

0983 "It was beauty that killed the beast," I followed the line **in spite of** myself.
   - King Kong

0984 She has got accustomed, **little by little**, to her changed environment.

0985 The winner of the World Starcraft Championship was **no more than** sixteen years old.

0986 The police did not find any evidence **on the spot**.

0987 Don't worry. They will be **on time**.

0988 ① The man living next door comes to my place **every now and then**.
   ② There are tens of pencils on the desk. You may take <u>every one</u>.
   ③ Cheer up, honey. You cannot satisfy <u>everyone</u>.

0989 She did not attend the meeting **on purpose**.

0990 **To be sure**, my team will defeat the rival and win the trophy.

to begin with 0991	*adv.* ① 우선, 먼저 (firstly) ② 처음에는 (at first) begin with ~로 시작되다 *cf.* to make matters worse 엎친 데 덮친 격으로
as to 0992	*prep.* ~와 관련하여 (about, with respect to) as for ~에 관한 한; as a result 결과적으로
by the way 0993	*adv.* 그런데 (incidently) all the way 내내; by way of ~을 통하여
in any case 0994	*adv.* 여하튼, 하여튼 (at any rate, anyway, besides)
all over 0995	*prep.* ~전체에서 *adj.* 완전히 끝(장)난 all over the world / country 전세계 / 전국에서
for good 0996	*adv.* 영원히 (forever, permanently) be good at ~에 익숙하다, 잘 하다 (↔ be poor at)
anything but 0997	*adv.* ① 결코 ~이 아닌 (never) ② ~외에는 무엇이든 anything else 그 밖의 다른 *cf.* nothing but 불과, 단지
by contrast 0998	*adv.* 대조적으로 be in contrast (to) (~와) 대조된다, 다르다 (be different from)
before long 0999	*adv.* 곧, 조만간 (soon, in a short time) *cf.* long before (~하기) 오래전에
in vain 1000	*adv.* 헛되이 (vainly) vain *adj.* 헛된, 무익한 (fruitless); vanity *n.* 허영

0976 한국의 쇼트트랙선수가 1,000미터 결승에서 다른 경쟁자들을 물리치고 결승점을 통과했다. 0977 내 오래된 컴퓨터가 거의 무용지물이어서 새 것을 살 계획이다. 0978 너랑 같이 있으면 늘 편안해진다. 0979 우리는 그녀의 얼굴을 보자마자 사태를 즉시 알아 차릴 수 있었다. 0980 당신의 도움이 없었다면, 이 연구를 끝낼 수 없었을 것이다. 0981 모든 인간은 본래부터 자연을 거역할 수 없으며 결국에는 자연으로 돌아간다. 0982 공포영화가 시작되자 그녀는 안절부절 못했다. 0983 "괴물(킹콩)을 죽인 것은 바로 미녀이다"라는 대사를 나도 모르게 따라했다. -King Kong 중에서 0984 그녀는 점차 변화된 환경에 익숙해졌다. 0985 세계스타크래프트선수권 우승자는 불과 16세였다. 0986 경찰은 현장에서 어떤 증거도 찾지 못했다. 0987 걱정하지마. 그들이 약속된 시간에 딱 맞춰 올거니까. 0988 ① 옆집에 사는 남자가 가끔 내 집에 온다. ②책상위에 연필이 10여개가 있다. 어느 것이든 다 가져도 좋다. ③기운 내 자기야. 모든 사람을 다 만족시킬 순 없잖아. 0989 그녀는 일부러 회의에 참석하지 않았다. 0990 틀림 없이, 우리팀이 호적수를 물리치고 우승할 거야. 0991 우선, 여러분께 제 소개를 드리고 싶습니다. 0992 우리는 초콜릿의 기원에 대해 아는 게 없다. 0993 그런데, 파리 여행은 어땠니? 0994 여하튼, 우리는 예정대로 등산을 할 겁니다. 0995 ① 그 경기는 전세계에 중계되었다. ② 눈 떠라 아가야. (무서운 장면 등) 다 끝났다. 0996 그는 영원히 돌아오지 않겠다고 우리에게 말했다. 0997 ① 솔직히 말해, 그는 결코 좋은 학자가 아니다. ②대단히 죄송합니다만, 저는 거기 가는 것 말고는 뭐든 하겠습니다. 0998 대조적으로, 그 철학자의 일상은 하나도 알려지지 않았다. 0999 ①"그녀가 곧 다시 돌아올꺼야," 라고 그는 매일 중얼거렸다. ②그는 네가 태어나기 전 매우 인기있는 가수였다. 1000 그 남자는 책상에 앉아서 오지 않는 그녀의 전화를 기다리고 있었다.

0991 **To begin with**, I'd like to introduce myself to you.

0992 We do not know anything **as to** the origin of chocolate.

0993 **By the way**, how was your trip to Paris?

0994 **In any case**, we are going to hike the mountain as scheduled*.

0995 ① The match was broadcast **all over** the world.
② Open your eyes, baby. It's **all over**.

0996 He told us that he would not be back **for good**.

0997 ① To be frank with you, he is **anything but** a good scholar.
② I'm very sorry, but I'll do **anything but** go there.

0998 **By contrast**, the everyday life of the philosopher is not known at all.

0999 ① "She will be back again **before long**," he talked to himself every day.
② He was a very popular singer **long before** you were born.

1000 The man sat at his desk, waiting **in vain** for her to call.

Pop Quiz (40)

1. ahead of · · Ⓐ 대조적으로
2. all but · · Ⓑ ~앞에
3. but for · · Ⓒ 거의
4. in spite of · · Ⓓ 일부러
5. little by little · · Ⓔ 영원히
6. on purpose · · Ⓕ 우선
7. to begin with · · Ⓖ 그런데
8. by the way · · Ⓗ ~에도 불구하고
9. for good · · Ⓘ ~이 없다면
10. by contrast · · Ⓙ 점차

□ bring ~to an end ~을 끝내다
□ as scheduled 예정대로

Practice Test (8)

다음 문장에서 강조된 단어와 의미가 가장 가까운 것을 고르시오.

1 I think technological `progress` will enable us to travel to outer space freely soon.
 ⓐ absence ⓑ comfort ⓒ development ⓓ news

2 She has the `courage` to acknowledge her mistakes in public.
 ⓐ fear ⓑ thought ⓒ bravery ⓓ worth

3 There was no `evidence` to show that he was guilty of theft.
 ⓐ atmosphere ⓑ proof ⓒ experience ⓓ energy

4 When I started my first online business, I `dealt` only `in` used blue jeans.
 ⓐ worked ⓑ exchanged ⓒ sold ⓓ wore

5 He has the tendency to `find fault with` other's articles.
 ⓐ criticize ⓑ look up to ⓒ appraise ⓓ encourage

6 How long and much have we been `looking forward to` seeing you meet again!
 ⓐ neglecting ⓑ appreciating ⓒ proving ⓓ anticipating

7 Though it was too late, he would not `let go of` her.
 ⓐ hold ⓑ take ⓒ touch ⓓ release

8 The game `called off` yesterday due to heavy rain will start soon.
 ⓐ canceled ⓑ delayed ⓒ held ⓓ finished

9 They have spent several years `looking for` the solutions to the problems.
 ⓐ seeking ⓑ rejecting ⓒ admitting ⓓ attending

10 Could you tell me how to `get rid of` these unnecessary programs on my computer?
 ⓐ keep ⓑ eliminate ⓒ use ⓓ buy

Ultra-basic Words 8

come, go, get

get [get] got-got(ten)

vi. ① ~되다
I often **get** sick when I get on a bus.

② (수동) ~하게 되다
get accustomed to ~에 익숙해지다; **get** married to ~와 결혼하다

③ (~to) ~에 도착하다
She was waiting for me when I **got** to the airport.

vt. ① 얻다 (obtain)
I **got** a ticket because I drove above the speed limit.

② 시키다, ~하게 하다
How did you **get** him <u>to go</u> there?
It will take five hours for me to **get** your car <u>fixed</u>.

phr. v. get on / in (차량) 타다 (↔ get off)   get up (잠자리에서) 일어나다

come [kʌm] came-come

vi. ① 오다
They will **come** back in two months. (그들이 두 달 뒤에 돌아올거다.)

② (대화 상대쪽으로) 가다
Wait for a second. I'm **coming** now. (잠깐만. 지금 가고 있어)

③ ~하게 되다 (become)
I'm sure that your dream will **come** true soon.

phr. v. come by 얻다 (obtain)   come across 우연히 만나다

go [gou] went-gone

vi. ① 가다
I have to **go** now. Let me **go**. (지금 가야 돼요. 보내주세요)

② ~하게 되다
go mad / crazy 미치다; go cold 차가워지다

③ (~ -ing, for a N) ~하러 가다
go shopping 쇼핑하러 가다; go fishing 낚시하러 가다
go out for a walk 산책가다; go for a swim 수영하러 가다

phr. v. come and go 오고 가다

Answer Key

Answer Key

Pop Quiz 1
1. E 2. I 3. H 4. B 5. A
6. C 7. D 8. F 9. J 10. G

Pop Quiz 2
1. C 2. E 3. F 4. I 5. H
6. B 7. J 8. A 9. D 10. G

Pop Quiz 3
1. B 2. E 3. H 4. F 5. J
6. C 7. I 8. D 9. A 10. G

Pop Quiz 4
1. C 2. D 3. A 4. G 5. E
6. B 7. F 8. J 9. I 10. H

Pop Quiz 5
1. H 2. F 3. I 4. B 5. G
6. A 7. C 8. J 9. E 10. D

Pop Quiz 6
1. C 2. H 3. A 4. J 5. D
6. I 7. G 8. B 9. F 10. E

Pop Quiz 7
1. C 2. A 3. I 4. E 5. G
6. B 7. J 8. F 9. H 10. D

Pop Quiz 8
1. G 2. B 3. H 4. J 5. C
6. A 7. F 8. E 9. I 10. D

Pop Quiz 9
1. E 2. G 3. J 4. C 5. H
6. B 7. I 8. D 9. A 10. F

Pop Quiz 10
1. C 2. F 3. I 4. E 5. H
6. A 7. G 8. B 9. D 10. J

Pop Quiz 11

1. E 2. F 3. H 4. D 5. A
6. G 7. C 8. J 9. I 10. B

Pop Quiz 12

1. F 2. H 3. G 4. A 5. I
6. D 7. J 8. E 9. C 10. B

Pop Quiz 13

1. D 2. J 3. G 4. H 5. B
6. I 7. F 8. E 9. A 10. C

Pop Quiz 14

1. G 2. H 3. A 4. I 5. F
6. C 7. J 8. B 9. E 10. D

Pop Quiz 15

1. G 2. I 3. B 4. F 5. D
6. C 7. J 8. A 9. H 10. E

Pop Quiz 16

1. E 2. G 3. J 4. A 5. I
6. C 7. H 8. B 9. F 10. D

Pop Quiz 17

1. C 2. E 3. I 4. F 5. B
6. D 7. G 8. H 9. A 10. J

Pop Quiz 18

1. D 2. C 3. I 4. E 5. J
6. B 7. G 8. H 9. A 10. F

Pop Quiz 19

1. E 2. G 3. H 4. J 5. I
6. B 7. F 8. C 9. A 10. D

Pop Quiz 20

1. D 2. G 3. I 4. F 5. B
6. E 7. J 8. A 9. C 10. H

Answer Key

Pop Quiz 21
1. I 2. G 3. D 4. A 5. H
6. B 7. E 8. C 9. J 10. F

Pop Quiz 22
1. G 2. D 3. I 4. H 5. C
6. B 7. J 8. E 9. A 10. F

Pop Quiz 23
1. C 2. E 3. H 4. G 5. I
6. B 7. F 8. A 9. J 10. D

Pop Quiz 24
1. D 2. E 3. J 4. A 5. I
6. F 7. G 8. C 9. B 10. H

Pop Quiz 25
1. F 2. B 3. D 4. H 5. G
6. I 7. C 8. A 9. J 10. E

Pop Quiz 26
1. D 2. A 3. B 4. C 5. I
6. G 7. E 8. F 9. J 10. H

Pop Quiz 27
1. D 2. C 3. F 4. J 5. E
6. B 7. I 8. H 9. A 10. G

Pop Quiz 28
1. H 2. B 3. I 4. A 5. G
6. D 7. C 8. J 9. E 10. F

Pop Quiz 29
1. E 2. H 3. I 4. J 5. A
6. C 7. F 8. B 9. G 10. D

Pop Quiz 30
1. C 2. J 3. F 4. H 5. I
6. G 7. B 8. A 9. E 10. D

Pop Quiz 31

1. C 2. D 3. I 4. J 5. F
6. E 7. B 8. G 9. A 10. H

Pop Quiz 32

1. F 2. E 3. A 4. H 5. I
6. B 7. G 8. J 9. D 10. C

Pop Quiz 33

1. F 2. B 3. I 4. J 5. A
6. E 7. C 8. D 9. H 10. G

Pop Quiz 34

1. F 2. H 3. A 4. I 5. C
6. B 7. J 8. D 9. G 10. E

Pop Quiz 35

1. F 2. G 3. B 4. I 5. D
6. C 7. A 8. E 9. H 10. J

Pop Quiz 36

1. G 2. J 3. D 4. I 5. F
6. B 7. C 8. A 9. H 10. E

Pop Quiz 37

1. E 2. J 3. I 4. G 5. C
6. F 7. H 8. D 9. B 10. A

Pop Quiz 38

1. G 2. C 3. I 4. J 5. B
6. A 7. E 8. F 9. D 10. H

Pop Quiz 39

1. C 2. E 3. H 4. D 5. G
6. A 7. B 8. F 9. J 10. I

Pop Quiz 40

1. B 2. C 3. I 4. H 5. J
6. D 7. F 8. G 9. E 10. A

Practice Test

Practice Test 1

1. B 2. C 3. A 4. A 5. D
6. C 7. D 8. B 9. B 10. A

Practice Test (1)

01 그가 혹시라도 그녀를 다시 만날 가능성은 없다.
02 그것은 지금 우리가 얘기하고 있는 주제가 아니다.
03 나는 언젠가 네 명의 내 어린 자식들이 피부색이 아닌, 개성이란 요인으로 평가되는 그런 나라에서 살 게 되는 꿈을 가지고 있다.
04 예를 들어, 미국은 다양한 인종으로 구성된 국가이다.
05 모든 소문이 진실로 밝혀졌다는 걸 믿을 수 없다.
06 대학입학에 실패하자 그는 매우 슬펐다.
07 그들은 공장가동을 중단시킬 수 밖에 없었다.
08 커튼을 친 뒤, 그는 총을 꺼냈다.
09 그 문제를 푸는데 어려움은 없습니까?
10 그 추문이 있고 나서 대통령이 사퇴했다.

Practice Test 2

1. A 2. D 3. A 4. D 5. C
6. B 7. B 8. C 9. C 10. D

Practice Test (2)

01 그 가수가 실신하자, 콘서트가 갑자기 중단되었다.
02 그녀는 단지 그 질문에 대답할 수가 없었다.
03 그는 그 좁은 통로를 통과할 수 없었다.
04 그는 항상 철저해서 어떠한 실수도 하지 않는다.
05 그 연인은 완전히 다른 성격을 가지고 있다.
06 그는 독신으로 남길 원했고 누구와도 결혼하지 않았다.
07 그는 그 중대한 과제를 맡게 되고 나서야 비로소 자신의 능력을 알게 되었다.
08 내가 산 그 옷은 할인품목이었기 때문에 가격이 저렴했다.
09 그들은 비용절감을 위해 좀더 작은 사무실로 옮겨야만 했다.
10 자유가 아니면 죽음을 달라. – 패트릭 헨리

Practice Test 3

1. C 2. A 3. B 4. A 5. D
6. A 7. B 8. C 9. C 10. C

Practice Test (3)

01 그는 자신이 결백하다는 것을 증명하기 위해 무진 애를 썼다.
02 저개발국가들은 대체로 인건비가 싸다.
03 사람은 그가 사귀는 친구를 보면 안다.
04 그녀는 한때 세계랭킹1위의 선수였다.
05 발명과 발견의 차이는 무엇인가?
06 그가 당시 그것을 했는지 안했는지는 이제 문제가 되지 않아.
07 지구궤도에 처음으로 올려진 인공위성은 무엇입니까?
08 비행기를 설계하기 위해서는 물리학 법칙 또한 반드시 이해해야 한다.
09 그는 현 상황을 바꾸는 게 어렵다는 것을 알게 되었다.
10 그녀는 가난한 아이들의 교육에 평생을 바쳤다.

Practice Test 4

| 1. D | 2. A | 3. D | 4. A | 5. D |
| 6. B | 7. D | 8. C | 9. A | 10. C |

Practice Test (4)

01 평균적으로, 자녀를 둔 기혼여성의 경제활동이 매달 증가하고 있다.
02 원의 지름이 증가하면 면적도 넓어진다.
03 그가 링구아 포럼의 교재로 공부하기 시작한 이후부터 줄곧 그의 영어성적이 많이 향상되었다.
04 그 축구경기는 O 대 O 무승부로 끝났다.
05 그 교수님과 연락해온 지 얼마나 되었니?
06 문뜩, 내게 이상한 아이디어가 떠올랐다.
07 나는 보통 여자친구와 함께 주말에 영화를 보러 간다.
08 결국 그 팀이 호적수를 이기고 우승 트로피를 거머쥐었다.
09 누가 저 미세한 입자들을 구별해볼래?
10 그녀는 훌륭한 요리사가 되기 위해 프랑스로 떠날 것을 계획하고 있다.

Practice Test 5

| 1. C | 2. C | 3. C | 4. B | 5. B |
| 6. A | 7. A | 8. A | 9. D | 10. D |

Practice Test (5)

01 네게 무슨 일이 일어나든 나는 더 이상 신경 안쓸래.
02 그 위원회는 각국에서 온 11명의 대표들로 구성되어있다.
03 이 경우, 거리는 문제가 되지 않는다고 생각해.
04 그는 장난 삼아 자신의 딸의 인형을 침대 밑에 숨겨두곤 했다.
05 불행하게도, 어떤 사람들은 그들의 배우자나 친구, 부모에게 전적으로 의지하려는 경향이 있다.
06 많은 청소년들이 그들이 좋아하는 영화배우를 잠깐이라도 보기 위해 그들의 집을 찾아간다.
07 그 지역은 누구도 출입이 허용되지 않았다.
08 악천후 때문에 그들은 출발을 연기할 수 밖에 없었다.
09 그 여자는 다른 사람의 미래를 볼 수 있는 신비한 능력을 가졌다고 한다.
10 그 교수는 나라 안팎에서 가장 존경 받는 학자들 가운데 한 명이다.

Practice Test 6

| 1. D | 2. D | 3. A | 4. B | 5. C |
| 6. C | 7. C | 8. A | 9. B | 10. D |

Practice Test (6)

01 그는 그들의 경제적 문제를 해결할 능력이 있었다.
02 그녀가 만족했는지 아닌지 알기 힘들다.
03 그녀는 더 이상 그 남자에게 연민을 느낄 수 없었다.
04 그 어린 소년은 그 고급주택에 완전히 홀로 남겨져 있었다.
05 2006 토리노 동계올림픽의 개막식이 전세계로 중계되었다.
06 못된 행동을 한 그 소년이 어머니에게 벌을 받았다.
07 그는 어떠한 적절한 교육도 전혀 받지 못했기 때문에 문맹이다.
08 우리는 동해안으로 가기로 한 여행을 다음 주말로 미루기로 했다.
09 얘야, 너 또 우리 얘기에 끼어들었구나. 그건 무례한 짓이라고 내가 말했을 텐데.
10 그것이 우리가 거기에 갈 수 없었던 주된 이유였다.

Practice Test 7

| 1. D | 2. A | 3. D | 4. C | 5. B |
| 6. B | 7. B | 8. A | 9. A | 10. A |

Practice Test (7)

01 그들은 시험결과에 매우 만족했다.
02 그녀는 외국으로 떠날 계획이 취소될까봐 걱정하고 있다.
03 네 거짓말에 완전히 질렸어.
04 그 오래된 탑이 번개를 맞았다.
05 그의 시끄러운 드럼 소리가 부모님을 짜증나게 했다.
06 어떤 사람들은 지루하다고 불평했지만, 나는 그 영화가 재미있었다.
07 Tom 옆에 저 매력적인 아가씨는 누구니?
08 문제는 Jack이 대체로 지나치게 빨리 운전하는 편이라는 데 있다.
09 내가 일부러 말을 건네지 않는 한, 그녀는 거의 내게 말을 걸지 않는다.
10 네가 좀더 정확을 기하지 않는다면, 너는 논문에 쓸 충분한 자료를 얻지 못할 거야.

03 그가 절도죄를 범했다는 것을 뒷받침할 증거가 없었다.
04 내가 첫 온라인 사업을 시작했을 때, 나는 오직 중고청바지만 팔았다.
05 그는 다른 사람의 글을 오로지 흠잡으려는 경향이 있다.
06 우리가 얼마나 오랫동안, 그리고 많이 너희들이 다시 만나는 것을 보길 간절히 바래왔겠니?
07 너무 늦었음에도 불구하고, 그는 그녀를 보내려 하지 않았다.
08 폭우로 어제 취소됐던 경기가 곧 시작될 예정이다.
09 그들은 그 문제의 해법을 찾는데 몇 년의 시간을 보냈다.
10 제 컴퓨터에 있는 필요 없는 프로그램들을 어떻게 삭제하는 지 알려주시겠어요?

Practice Test 8

| 1. C | 2. C | 3. B | 4. C | 5. A |
| 6. D | 7. D | 8. A | 9. A | 10. B |

Practice Test (8)

01 나는 기술적 진보가 조만간 우주로의 자유로운 여행을 가능하게 할 것이라고 생각한다.
02 그녀는 자신의 실수를 공개적으로 인정할 용기가 있다.